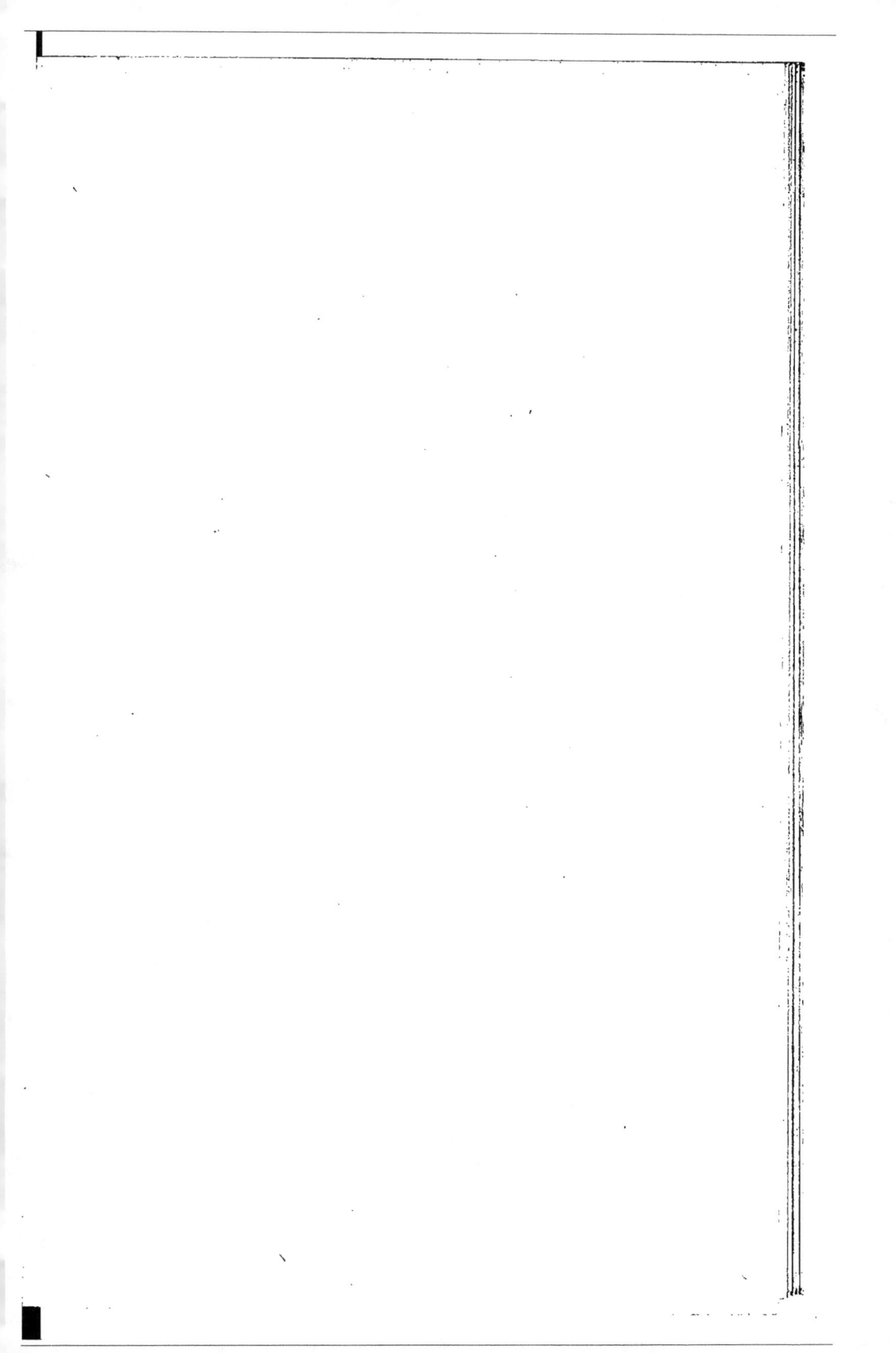

NOTRE BILAN

HUMANITAIRE

MONTDIDIER

TYPOGRAPHIE A. RADENEZ.

NOTRE BILAN
HUMANITAIRE

OU

COMPTE-RENDU

DE L'EMPLOI DE NOTRE TEMPS

A PARTIR

DU 26 JUILLET 1870, JUSQU'AU 1er JUIN 1871 ;

SOIT SUR LES CHAMPS DE BATAILLE

SOIT DANS LES AMBULANCES.

Dr Vor AUTIER,

MÉDECIN DES PAUVRES, ETC.,
CHEVALIER DE L'ORDRE HUMANITAIRE
DE ST-JEAN DE JÉRUSALEM,
POUR ACTES HUMANITAIRES ET DÉVOUEMENT
SUR LES CHAMPS DE BATAILLE.

« La France n'a pas été victorieuse, c'est
« une vérité qu'il est difficile de contredire,
« mais dont on ne se douterait pas en voyant
« tomber sans cesse dans l'*Officiel* des ava-
« lanches de décorations. »

(Revue Scientifique du 28 octobre 1871, *p.* 409).

1872

AVANT-PROPOS.

A ma famille, à mes amis, à tous ceux qui m'ont honoré de leur confiance, et à tous ceux qui me liront sans aucun parti pris à l'avance, je dois donner le droit de se prononcer sur ce que j'ai fait pendant les guerres de 1870-1871; surtout, si j'ai été indigne de recevoir une récompense qui ne doit s'accorder qu'à celui qui l'a justement méritée.

Le jugement qu'ils porteront je l'accepte à l'avance, il sera de ma part sans appel.

Je veux qu'ils sachent que lorsque j'ai quitté ma clientèle et mes divers emplois, bien volontairement, en juillet 1870, je ne me suis guère préoccupé de penser à l'avenir; je l'ai fait sans songer un seul instant que je pouvais les perdre. Je n'étais mû que par un seul mobile : le désir d'être utile aux victimes de la guerre ; après cela, peu m'importait ce qui pouvait m'arriver ensuite.

Ai-je réussi ?... La réponse il ne m'appartient pas de la faire ; ceux que j'institue ici pour juges souverains, en ont seuls le droit.

1872

Les titres que je déposerai entre leurs mains afin d'éclairer leur religion, seront tous authentiques ; je n'avancerai et ne publierai rien qui ne soit tout-à-fait irréfutable.

Je tâcherai dans tout le cours de ces pages d'éviter un grave écueil, j'écarterai tout sujet de récriminations me concernant, voulant n'être et ne rester qu'un narrateur ordinaire, mais tout-à-fait impartial.

Comme je ne fais et comme je n'ai jamais fait partie d'aucune société, ni d'aucune réunion quels qu'en soient la nature et le but, je n'ai donc ni à ménager, ni à flatter aucun des illuminés des tyrans du ruisseau ou des despotes couronnés, dont l'étendard est l'antagoniste du mien !

Si quelques-uns de ces caméléons de tous les partis, se rencontrent jamais sur ma route pour entraver la mission que je me suis imposée, ils sont prévenus que je les frapperai sans dire : gare !

Qu'ils restent chose à gouverner, si tel est leur bon plaisir ; mais que la gravité des moments les rappelle à la pudeur et au respect ! ! !

Dr Vor AUTIER.

CAMPAGNE DES ARDENNES.

AMBULANCE DE NOUZON

VILLE DE 5,700 HABITANTS (Ardennes).

Blessés reçus dans l'Ambulance: 302; morts: 4, dont 3 de leurs blessures et un de fièvre typhoïde.

Personnel de l'Ambulance :

Médecin en Chef: M. AUTIER fils ;

Médecin adjoint volontaire: M. le docteur AUTIER père, Médecin à Amiens ;

Pharmacien : M. PROVINS ;

Aumônier : M. VERZEAUX, Curé de Nouzon ;

Infirmiers : MM. MAURICE et MARCHAND, (infirmiers-militaires : échappé de Sedan);

Directrice : Mlle AUTIER, d'Amiens ;

Sous-Directrice : Mlle GADY, Institutrice à Nouzon.

Infirmières : quelques Dames de Nouzon, en tête Mme FUZÉLIER-BARBETTE.

1872

CAMPAGNE DES ARDENNES.

« Sa grand'mère, la veuve Autier, née
« Bonne Jullion, a quitté son pays pour
« suivre ses deux fils sur tous les champs
« de bataille de la République, et n'est ren-
« trée à Nouzon qu'avec eux. »

(Les Sauveteurs célèbres, 3ᵉ édition, page 169).

Lorsqu'à la fin de juillet 1870, je quittai Amiens, pour me dévouer corps et âme au soulagement des soldats blessés, je savais que mon fils qui était nommé Médecin en Chef d'une Ambulance dans les Ardennes, me recevrait avec joie et serait bien heureux d'avoir son père pour aide et pour conseil.

Déjà, du reste, en juillet 1870, il avait offert ses services comme Médecin militaire ; aussi M. le Ministre de la Guerre lui répondit-il d'avoir à s'adresser à la Division Militaire, à Châlons ; seule, sa nomination à Nouzon, l'empêcha de s'y rendre.

A cause des grands mouvements de troupes, il n'é-tait presque plus possible de songer à aller dans les

Ardennes, par Reims. Nous fûmes obligés ma fille et moi, de suivre la voie du Nord, pour prendre les chemins de fer Belges, qui nous conduisirent jusqu'à Givet, une fois là, il ne nous resta plus que de remonter la Meuse jusqu'à Charleville. Le trajet fut plus long, mais nous étions sûrs d'arriver.

Mon fils et moi, nous formions tout le personnel médical; comme on le comprend aisément, notre besogne fut bien pénible et surtout bien fatigante.

En attendant que son Ambulance fut ouverte, nous allâmes, ma fille et moi, un peu partout, offrir nos soins, et partout, nous fûmes bien accueillis.

Mais après la lutte de Sedan, à partir du 1er septembre 1870, à deux heures après midi, notre service devint régulier et de tous les instants, la nuit comme le jour.

En moins de deux heures notre vaste Ambulance fut pleine de soldats blessés de la lutte suprême. Il y en avait de toutes armes, surtout, beaucoup de turcos, chefs et simples soldats; ces courageux et intrépides enfants du désert, aussi insensibles sous le fer du médecin, qu'insouciants devant la mort; ça et là, nous pouvons le dire: nous les avons vus.

Nous en avions deux de ces braves turcos; deux frères qui furent blessés en même temps et que nous avons placés l'un à côté de l'autre. Ils s'aimaient d'un amour bien touchant, aussi que de fois ne les ai-je pas vu dormir leurs mains entrelacées. Ils étaient tous très-sensibles aux égards qu'avaient pour eux le grand et le petit *Marabouts*, ainsi ils appelaient le curé et le vicaire de Nouzon.

Je laisse au Maire de la ville de Nouzon, le soin de certifier ce que j'ai fait, avant de parler d'un grave incident, à propos de deux soldats prussiens soignés dans notre Ambulance où ils furent admis le 1er septembre 1870.

« Nous soussigné, Maire de la ville de Nouzon, (Ardennes), « certifions que M. le docteur Autier, Médecin à Amiens, « (Somme), pour aider et seconder son fils, Médecin en chef « de l'Ambulance établie en notre ville, dans les soins à « donner aux nombreux soldats blessés qui y ont été « reçus, a quitté volontairement sa clientèle, ses emplois, « et a fait à ses frais avec Mlle Autier, plusieurs voyages « d'aller et retour par la Belgique.

« Qu'à partir du 1er septembre 1870, il n'a pas un seul « instant quitté l'Ambulance, voulant être nuit et jour, « près des pauvres soldats mutilés.

« Pendant tout le temps qu'il est resté au milieu d'eux « il ne s'est passé un seul jour sans que lui et son fils « n'aient fait chacun quatre heures de pansements le matin: « aussi leurs peines ont-elles été bien récompensées, puisque « sur trois cents malades qu'ils ont opérés et pansés, il « n'en est mort que quatre !!!

« Mlle Autier, passait aussi ses journées au milieu de ses
« malades, présidant avec un soin et un tact tous parti-
« culiers à la distribution des aliments, etc.; correspondant
« avec leurs parents et donnant à manger à ceux dont
« les bras étaient blessés.

« Nous sommes on ne peut plus heureux de mentionner
« ici de pareils dévouements et de désintéressement de la
« part de M. le docteur Autier, qu'on est toujours sûr,
« du reste, de trouver quand il s'agit d'être utile à l'hu-
« manité. »

Fait à Nouzon, le 24 novembre 1870.

Signé : Ch. JEUNEHOMME, Maire.

*Vu pour la légalisation de la signature de M. Ch. Jeunehomme,
Maire de Nouzon.*

Mézières, le 21 novembre 1870.

Le Préfet,   TIRMAN.

Le 12 septembre 1870, vers quatre heures du soir, on vint me prier d'aller à Gespunsart, à dix kilomètres de Nouzon, pour visiter et panser plusieurs soldats français blessés ; qui, depuis deux jours, n'avaient reçu aucun soin, le médecin étant malade.

Malgré un temps de pluie, de mauvais chemins dans les montagnes, le peu de sûreté des routes et malgré tout le monde, je partis à pied et ne rentrai que vers onze heures du soir, fatigué ; mais avec la satisfaction d'avoir pu être utile à nos pauvres soldats.

CERTIFICAT

du Maire de Nouzon, délivré à M. Autier fils, Médecin en Chef de l'Ambulance.

« Nous soussigné, Maire de la ville de Nouzon (Ardennes), « certifions que par décision de M. le vicomte Foy, Préfet « des Ardennes, à la date du 11 août 1870, M. Ernest « Autier, fut nommé Médecin titulaire de l'Ambulance établie « dans notre ville.

« Que depuis le 1er septembre 1870 jusque dans les pre- « miers jours de novembre présent mois, M. Ernest Autier, « n'a cessé un seul instant ni le jour ni la nuit qu'il passait « dans l'Ambulance, de donner ses soins les plus dévoués « comme les plus intelligents, à plus de trois cents mutilés « qui y ont été reçus.

« Qu'il eût l'honorable satisfaction de ne perdre que
« quatre blessés sur un pareil chiffre de plus de trois cents.

« Que pendant plus de trois semaines, lui et M. le docteur
« Autier, son père, Médecin à Amiens, qui est venu lui
« prêter son concours désintéressé, ils avaient tous les
« matins seulement, à faire chacun plus de quatre heures
« de pansements.

« De pareils dévouements sont au-dessus de tout éloge.
« Cependant, en notre nom et en celui du pays, nous ne
« saurions trop le remercier, car oublier de pareils services
« nous serait impossible. »

Fait à Nouzon, le 21 novembre 1870.

Le Maire,   Ch. JEUNEHOMME.

Vu pour la légalisation de la signature du Maire de Nouzon.

Mézières, le 21 novembre 1870.

Le Préfet,   TIRMAN.

INCIDENT.

Le 1ᵉʳ septembre 1870, vers neuf heures du soir, entrèrent dans notre Ambulance deux soldats prussiens blessés. Les circonstances dans lesquelles ils ont été reçus, conservés et enlevés, sont trop tragiques et par trop curieuses, pour ne pas être décrites ici.

J'extrairai les détails de cet incident d'une communication faite à M. le Ministre de la Guerre, en juillet 1871.

« Monsieur le Ministre,

« Il est un incident qui eût lieu dans une ambulance des
« Ardennes, à Nouzon, près Mézières-Charleville, dont je
« ne vous ai pas parlé dans ma lettre d'il y a quelques
« jours, et que, cependant, je dois vous faire connaître,
« puisqu'il est cause d'une enquête qui se fait à la mairie
« d'Amiens, à l'heure qu'il est, par les autorités prussiennes,
« pour nous accorder une récompense, ainsi que vient de
« m'en informer le premier adjoint. Voici de quoi il s'agit :
« Le 1ᵉʳ septembre 1870, vers huit heures du soir, un
« bruit et des cris se firent entendre devant notre ambu-
« lance remplie de soldats français blessés ; voulant en

« connaître la cause, nous sortîmes et vîmes deux soldats
« prussiens blessés, dont un sous-officier, que la populace
« irritée maltraitait. Nous nous en emparâmes et les fîmes
« entrer dans l'ambulance, non sans avoir eu beaucoup à
« souffrir. Toute la nuit, pour ne pas dire: pendant 20 jours!
« nous eûmes à soutenir une sorte de siége, car, à aucun
« prix, les habitants de la ville ne voulaient nous permettre
« de les conserver et ni de les soigner.

« Ces braves gens avaient pourtant fait peindre au-dessus
« de la porte d'ambulance et en très-gros caractère: « *secours*
« *aux blessés de toutes les nations.* » Malgré cela il ne nous
« a jamais été possible de faire entendre raison à *aucun*
« habitant du pays. « *Ils sont prussiens,* disaient-ils, *et*
« *Nouzon, n'en veut pas,* » et nous, nous répondions : ils
« sont prussiens, comme tels nous ne les aimons pas plus
« que vous, mais comme ils sont blessés, ils ont perdu
« leur nationalité à nos yeux, et ils resteront.

« Après cela, on comprend quoiqu'étant dans la légalité,
« combien nous avons dû souffrir ; n'est-ce pas le cas de
« dire : qu'ils ont des yeux et des oreilles mais qu'ils n'ont
« pas voulu s'en servir pour voir ni entendre.

« Nouzon, est cependant mon pays, où se trouve ma
« famille, et où j'étais aimé ; eh bien, qui croirait que
« chaque fois que je sortais les habitants m'entouraient
« et m'insultaient, criant: voici le docteur Autier, venu
« d'Amiens, le prussien, etc., etc ! Je poursuis :

« Ce que nous avons été obligé de faire et de souffrir
« pour conserver la vie à ces deux blessés, ne pourrait se
« décrire. La relation de tout ce qui s'est passé à leur sujet,
« a été faite par l'officier prussien, et remise à ses chefs,
« après sa rentrée à son régiment.

« Pendant vingt jours nous avons dû ne pas les perdre
« un seul instant de vue ; aussi, pendant vingt nuits j'ai
« dû coucher dans l'Ambulance pour empêcher qu'ils ne
« nous fussent enlevés ; mais la vingt-et-unième nuit,
« croyant à tort la population plus raisonnable, je fus
« coucher chez mon fils, étant exténué de fatigues, laissant
« les blessés aux soins de deux infirmiers militaires.

« Comment sût-on mon absence de l'Ambulance ? Je
« l'ignore, mais toujours est-il qu'à mon arrivée le len-
« demain à six heures, j'appris que sans respect pour leurs
« blessures et l'asile qui les protégeait, on eût la cruauté
« de les enlever à trois heures du matin pour les diriger
« sur Napoléonville ! *Nous savions* qui les avait enlevés,
« mais, ne voulant pas appeler d'horribles représailles,
« nous avons dévoré en silence l'insulte faite à l'humanité
« et à notre caractère de médecin.

« Le 24 septembre à la gare d'Amiens, alors qu'on les
« dirigeait sur Rouen, *ils ont dit hautement devant*
« *tous :* « qu'au docteur Autier, d'Amiens, ils devaient
« leur vie, etc., etc. »

« Ces deux blessés prussiens nous voyant si malheureux
« par leur fait, nous ont prié plusieurs fois de les laisser
« sortir de l'Ambulance, ce à quoi nous ne pouvions con-
« sentir ; attendu que pendant les dix mois que nous avons
« soigné les blessés sur les champs de bataille et dans
« les Ambulances, nous avons toujours pris notre rôle de
« neutres au sérieux, nous avons bien regretté de ne pas
« avoir été compris dans maintes circonstances.

« Grâce à une lettre que l'officier prussien pût nous
« écrire avant de partir, pour nous remercier de tout ce que
« nous avions fait pour eux; grâce encore à celle de son

« père dont la traduction va être donnée, nous avons pu
« *bien des fois,* à leur seule exhibition, obtenir l'aplanisse-
« ment de bien des difficultés et la remise *de bien des*
« *réquisitions ! ! !*

Les chefs, mêmes les supérieurs, avaient une sorte de
« *vénération* pour le contenu de ces lettres ! »

Signé : Dr V^{or} AUTIER.

Copies des deux Certificats de M. Georges Fœrster, délivrés à mon fils et à moi, avant son enlèvement de l'Ambulance.

CERTIFICAT DE M. FŒRSTER FILS, A M. AUTIER PÈRE.

« MM. les docteurs Autier, père et fils , pendant mon
« séjour à l'Ambulance de Nouzon, où j'ai été transporté
« comme blessé pour une fracture au pied droit, à la

« bataille de Sedan, m'ont prodigué les soins les plus intel-
« ligents comme les plus affectueux ; c'est à *leur protection*
« *seule* de tous les instants, que je dois d'avoir échappé aux
« menaces de la population fanatique des gens de Nouzon.

« Notre séjour à l'Ambulance avec un autre soldat prus-
« sien blessé aussi, leur suscitait des désagréments de tous
« les instants ; nous aurions tout sacrifié volontiers pour les
« voir cesser et leur procurer un repos qu'ils n'avaient pas ! !

« Je garderai toujours un profond sentiment de recon-
« naissance pour cette respectable famille, MM. Autier,
« père et fils, et pour Mlle Flavie Autier, qui ne le cédait
« en rien à l'activité de son père et de son frère, dans
« le fatigant service de la vaste Ambulance de Nouzon. »

Nouzon, le 20 septembre 1870.

GEORGES FOERSTER,   DAHNE, dragon.
sous-officier du 14e régiment prussien
      de dragons de marche.

Ce sous-officier avait comme une sorte de pressen-
timent qu'il serait bientôt enlevé de notre ambulance, car la veille de la nuit où on le fit partir par
la force, sans mon consentement, le 21 septembre,
à trois heures du matin, il rédigea les notes qui pré-
cèdent et qu'à notre arrivée à l'Ambulance l'infirmier
nous remit.

CERTIFICAT DE M. FŒRSTER FILS, A MON FILS.

« Au moment de quitter l'Ambulance de Nouzon, dans
« laquelle nous avons été soignés comme blessés, par
« M. Autier, médecin chef, et par son père M. le docteur
« Autier, senior, accouru d'Amiens, dans le Lazareth,
« pour en compléter le service de santé, nous déclarons
« y avoir été traités avec le plus grand soin et la plus tou-
« chante bonté, de sorte que sans leur protection et leur
« affection cordiale, nous aurions été exposés aux plus
« grands dangers de la part de la population fanatique
« de la localité, qui, à tout prix, voulait s'emparer de nous.
« Nous en exprimons à cette honorable famille notre
« reconnaissance la plus profonde.

Nouzon, le 20 septembre 1870.

GEORGES FOERSTER,   DAHNE, dragon.
sous-officier au 14ᵉ régiment
    de dragons prussiens.

Comme je le dirai à M. Fœrster père, je vais le
dire à son fils: ce que le médecin doit aimer, c'est
de soulager l'humanité en lutte avec la douleur. Dans
son rôle de médecin, il doit être étranger au combat qui se livre même sous ses yeux. Son cœur ne
lui appartient plus; des préférences il n'en a pas,
ou plutôt, il ne doit pas en avoir.

Copie du Certificat qui nous fut envoyé de Grunberg, Silésie prussienne, par M. Fœrster père;
le contenu se passe de commentaires.

ATTESTATION DE M. FŒRSTER PÈRE.

« Le docteur Autier, senior à Amiens, qui avec son
« fils, M. Autier, jeune, était à la tête du grand Lazareth
« de Nouzon, a, dans le cours du mois de septembre de
« l'année courante, soigné mon fils, le sous - officier
« Georges Fœrster, du 1er régiment de marche de dragons
« prussiens, nᵒ 14, tombé blessé dans la bataille de Sedan,
« le 1er septembre, et transporté pour sa guérison, dans
« le Lazareth de Nouzon.

« Il l'a soigné non-seulement lui-même, mais avec l'aide
« de son fils et de sa fille, de la manière la plus humaine
« et la plus affectueuse. De plus, ils l'ont veillé *nuit*
« *et jour* pendant *trois* semaines avec une attention que
« je ne pourrai jamais assez reconnaitre, en le proté-
« geant contre les menaces obstinées des autorités et des
« habitants de Nouzon, et ils eurent prolongé cette puis-
« sante protection tout le temps qu'eussent duré les motifs
« d'inquiétudes ; enfin, jusqu'à ce que le fanatisme affaibli
« des gens de Nouzon, lui eût permis de faire transporter
« mon fils et un autre blessé prussien, en secret, à Napo-
« léonville ; mais l'Administration en a décidé autrement,
« avant même que M. le docteur Autier, ait quitté mon
« fils, comme guéri, et même, sans qu'il en ait eu con-
« naissance, on les enleva la nuit, ce qui fut un acte bien
« coupable ! ! !

« J'atteste ces faits avec la plus vive admiration et la
« plus entière reconnaissance, conformément à la vérité
« la plus rigoureuse, — je ne crois pas par cela m'ac-
« quitter de ma dette la plus sacrée envers M. Autier,
« et les membres de sa famille ; — mais je le fais afin que
« cela puisse leur servir sous quelque rapport et en quelque
« occasion que ce soit. »

Grunberg, le 4 novembre 1870.

Fried^r FOERSTER, Senr,
Conseiller commercial secret Royal.

Pour constater l'authenticité de la signature ci-dessus,

L'Administration prussienne.

M. Fœrster, dans son cœur de père s'exagère le
peu que j'ai fait ; le blessé est aux yeux du médecin
dont le rôle est le même pour tous, un individu
qui a perdu sa nationalité ; il n'a pas non plus à
s'occuper de l'arme vulnérante cause de la plaie qu'il
a à panser et à guérir. Ce rôle est déjà assez beau
pour qu'il ait la pensée d'en ambitionner un autre.

C'est aujourd'hui 5 décembre 1871, que j'ai eu la
curiosité, pour la première fois, de faire traduire cette
pièce dont la teneur m'a suggéré les courtes réflexions
qu'on vient de lire, à l'adresse de M. Fœrster, père.

A part les tracas que m'a suscité la persistance
que j'ai mise à ne pas vouloir livrer les deux soldats
prussiens blessés ; n'importe de quelle autorité soient
venus les ordres ; persistance dont ma famille et
moi nous nous honorons tous, car elle nous fut
dictée surtout par le cœur, bien plus que par la
loi, sous la protection de laquelle ils étaient placés ;
je dois m'empresser de déclarer que l'Administration
municipale, le Maire en tête, ont tout fait pour que
rien ne manquât à nos pauvres soldats; pour cela,
leur sollicitude fût admirable.

Sous le rapport de l'alimentation , des médicaments, des linges et appareils ; en un mot, tout ce
qui était nécessaire ; n'a jamais été désiré longtemps.
En cela, ils ont été bien secondés par tous les habitants qui apportaient : qui le vin, qui les légumes
et fruits, etc; Les femmes à tour de rôle faisaient
les lits , tandis que d'autres lavaient le linge, etc ;
aussi, rien n'était-il plus consolant. Je n'ai rien rencontré de semblable nulle part, et pourtant, j'ai vu
de beaux dévouements.

Comme nous avions des officiers blessés à l'ambulance; MM. Parmiseux, Thomé, Fusellier, Mme Gillet,
outre des blessés qu'ils avaient déjà , les nourris-
saient à tour de rôle ; d'autres aussi, avaient des
soldats blessés chez eux; tous en désiraient, en sol-
licitaient !

Je me garderai bien de passer sous silence le dévouement dont a fait preuve M. le curé Verzeaux, qui, à la première heure, remplissait les devoirs de son saint ministère, afin de venir nous aider dans nos pansements avec un zèle et une abnégation dont pendant toute la guerre, il ne m'a pas été possible d'en rencontrer de supérieurs. Un trait qui étale bien sa bonté est celui-ci : ayant appris que nous étions toujours sortis sains et saufs après chaque bataille dans le Nord, il célébra une messe d'actions de grâces à laquelle il convia ma famille et autres. Personne n'y manqua.

Il n'y a que quelques jours que j'ai été informé de cet acte qui le peint si bien.

L'Ambulance de Nouzon, était une des plus vastes qui fussent établies ; elle l'était d'après le plan et le système américains que nous avions fait connaître; c'est dire qu'elle réunissait toutes les conditions hygiéniques désirées. Aussi, lui doit-on une large part dans les succès obtenus.

Que Nouzon, en soit fier ! ! !

Nouzon, est à 3 kilomètres environ des frontières de la Belgique ; il est tout à la fois au milieu des forêts et des montagnes, peu éloigné de Sedan, par les chemins de traverse.

Après la honte de Sedan, on sait que ce fut un sauve qui peut de nos soldats dans toutes les directions. Les uns se sont enfuis en Belgique, et les autres se sont cachés dans les forêts ; aussi, voilà pourquoi pendant près de quinze jours, la vaste cour de notre Ambulance ne désemplissait pas de nos soldats exténués de fatigue et se mourant de faim; tous complétement déguisés, souvent avec de misérables vêtements donnés, et par des belges et des français.

Quant aux leurs qui pouvaient les trahir, ils s'en étaient débarrassés. Quelques-uns sont arrivés déguisés en femme ; un sergent-major, un grand jeune-homme de 24 ans, le comte de Coligny, n'avait plus trouvé qu'un pantalon de vrai bébé.

Devant de pareils tableaux qui en toute autre circonstance eussent provoqués un fou-rire; devant ceux-là, le cœur saignait d'humiliation.

Après s'être reposés quelques heures et avoir reçu l'alimentation nécessaire, ils prenaient la route de Mézières, d'où ils n'étaient éloignés que de 5 kilomètres, et que plus tard, ils devaient en être les défenseurs inutiles.

Pendant ces douze jours nos pauvres blessés ont souvent vu leurs repas retardés de deux heures, attendu qu'on avait dû donner à leurs camarades errants ce qui leur était destiné; malgré cela jamais une plainte n'a été entendue , au contraire; ils paraissaient heureux de ce léger sacrifice !

Après notre départ de Nouzon, que nous hâtâmes à cause de l'insulte faite à l'humanité et à notre caractère médical, en enlevant les prussiens blessés, pour complaire à qui ? je l'ignore, mon fils resta seul avec ses infirmiers, Maurice et Marchand, tristes épaves de la lutte de Sedan, et dont le premier sera, par le plus grand des hasards, retrouvé par nous dans le Nord, sur le champ de bataille de Boves, blessé encore légèrement, et qui restera quatre mois notre infirmier chef.

Après les fatigues qu'avait provoqué un tel service, mon fils se croyait en droit de prendre un peu de repos, mais il avait compté sans la jalousie, sans la délation qui est de tous les pays, et qu'ici, s'est rencontrée chez quelqu'un qui, pourtant, a été témoin bien placé de tout son zèle. Puisse-t-il s'être repenti de cette lâche action, indigne même d'un individu sans instruction.

A la suite de cette délation, l'autorité lui enjoignit de se rendre comme aide-major, à Givet, dans le bataillon des mobilisés des Ardennes, où il resta jusqu'à son licenciement. Le titre d'aide-major rendit honteux le délateur, car ce n'était pas ce qu'il avait espéré !

On trouve dans une lettre de M. le Préfet des Ardennes, adressée à mon fils le 31 août 1871, ce paragraphe bien flatteur qui le venge avec prodigalité de la lâcheté dont il vient d'être question, le voici :

« Je sais, Monsieur, avec quel zèle vous vous êtes mis « à la disposition de l'Administration dans la crise que « le pays a traversée, et je suis persuadé que ce ne serait

« pas vainement qu'on ferait encore appel à tout votre
« dévouement, etc., etc. »

Ce qui l'affligeait beaucoup de se voir forcé d'aller
à Givet, c'est parcequ'il était convaincu qu'il ne
serait qu'un médecin de garnison, d'avant-poste,
à rôle passif, tandis qu'il eût désiré aller sur
les champs de bataille, afin d'être au moins de
quelqu'utilité à son pays. Il a regretté bien des
fois de ne pas avoir quitté Nouzon, le jour de la
fermeture de l'Ambulance, pour venir me rejoindre
dans le Nord, où il nous eût été si utile. Après son
licenciement il accourut à Villers, m'offrir ses services, mais comme il n'y avait plus beaucoup de
malades, il n'y resta que quelques jours. A ce moment le gouvernement demanda des secours aux
gardes nationaux, nous nous empressàmes, lui,
M. Normand, mon aide, et moi, d'aller nous faire
inscrire à la mairie d'Amiens, en nous mettant à
sa disposition !!!

Maintenant que j'en ai fini avec la triste campagne
des Ardennes, je prie l'Administration militaire de
me laisser émettre un vœu humanitaire : qu'à l'a-
venir elle ne fasse plus évacuer de blessés des ambulances où d'abord ils sont admis, avant leur entière guérison, car on les fait souffrir en pure perte,
et puis, on retarde ou on empêche leur guérison.

Un exemple entre cent, prouvera tout le danger
de cette mauvaise mesure : en octobre 1870, nous
reçûmes l'ordre d'évacuer le plus de blessés possible;

il n'y avait pas à résister, nous nous inclinâmes ; mais à regret.

A notre rentrée à Amiens, ma fille et moi, nous visitâmes les Ambulances ; dans celle du Lycée, nous y trouvâmes plusieurs de nos blessés de Nouzon, dont un, sergent des turcos *presque complétement guéri* lors de son départ et qui dut rester près de trois mois sans se lever ; la plaie de la fesse s'étant rouverte avait mis ses jours en danger.

Qui a profité de cette évacuation inutile : le blessé ou le trésor ? Allons-donc ; le premier presque guéri lors de son évacuation, a failli mourir à Amiens ; tandis que le second a dû supporter près de trois mois de frais d'ambulance. La France est donc si riche ?

Dans le Nord où l'Autorité militaire était sans pouvoir, rien de pareil n'a eu lieu, nos soldats sortaient guéris de l'Ambulance où ils étaient entrés le premier jour ; aussi n'y ont-ils pas perdu !

Qu'on ne vienne pas arguer de la nécessité, puisque les blessés évacués de Nouzon, n'ont jamais été remplacés. La mesure a donc été inutile !

La confirmation de mon vœu se trouve dans cette phrase extraite du rapport du docteur Després, Chirurgien chef de la 7ᵉ Ambulance ; Gazette des Hôpitaux du 11 novembre 1871 : « *L'évacuation pré-* « *maturée des blessés est une mauvaise chose, etc., etc.* »

CAMPAGNE DU NORD.

> « Sa grand'mère, la veuve Autier, née
> « Bonne Jullion, a quitté son pays pour
> « suivre ses deux fils sur tous les champs
> « de bataille de la République, et n'est ren-
> « trée à Nouzon qu'avec eux. »
>
> *(Les Sauveteurs célèbres, 3ᵉ édition, page 169).*

Ce que nous avons vu , fait et surtout souffert pendant les mois de décembre , janvier et février, est presque au - dessus de toute description ; aussi, vais - je aborder un autre sujet quant à présent.

Cependant, je tiens à dire que si nous n'avons pas eu faim et ni aussi froid qu'à Paris, nous avons été loin d'être plus heureux, car nous étions à chaque instant du jour et de la nuit , au plus fort de la mêlée ; inquiets et tourmentés à droite, bousculés et maltraités à gauche; mais la chose qui nous était la plus pénible , ce fut la vermine dont nous ne pouvions nous débarrasser, quelques précautions que nous prenions. Il est vrai que nous étions très-pauvrement logés !

Elle nous visitait toujours à la suite de l'entrée des blessés prussiens, dans nos Ambulances. Était-ce assez triste et assez navrant ? Mais passons !

On comprendra aisément comment de pareils tracas et de pareilles misères endurés pendant plusieurs mois, peuvent bouleverser la constitution la plus robuste.

Lors de notre rentrée de Sedan, à Amiens, afin de nous reposer jusqu'au jour de la lutte inévitable dans le Nord, j'écrivis à M. le Préfet de la Somme, M. Lardière, dont on vantait le cœur, pour l'engager à donner des ordres afin qu'il soit construit des Ambulances dans divers villages, comme les Préfets de l'Empire, en avaient fait construire dans la Moselle, la Meurthe, la Meuse, les Ardennes, etc., etc.

Je lui disais en outre « qu'il n'était pas possible « qu'une lutte sérieuse n'ait lieu dans les environs « d'Amiens : attendu que les prussiens tenaient à « l'occupation de notre cité, l'ayant entendu dire « à plusieurs chefs dans nos ambulances. »

Soit qu'aucune de mes trois lettres n'ait été reçue, soit que mes conseils aient déplu à M. le Préfet, ou plutôt à son entourage, je n'en entendis jamais parler. J'en fûs profondément attristé ! ! !

Dès le 26 novembre, la lutte s'engagea dans la direction de Villers-Bretonneux, mais ce fût surtout le lendemain 27, un dimanche, qu'elle devint générale, vive, acharnée autour d'Amiens.

Dès midi, je partis avec ma fille, mon aide : M. Stephens Normand, et quatre volontaires, dont un interprète. Nous nous dirigeâmes vers Dury, à 4 kilomètres d'Amiens, où pendant plus de quatre heures, l'artillerie de marine soutint le combat avec succès. Nous pouvons parler ainsi, car nous les vîmes de bien près, et dire, ensuite: que nous avons couru et partagé leur danger; ma fille même eut le bas de sa robe traversé par un fragment d'obus qui éclata à trois mètres de nous.

Notre présence ne fut pas inutile, car nous eûmes des blessés à panser.

Le lundi 28, *les prussiens entrèrent à Amiens ! ! !*

Le mardi 29, ils tentèrent l'assaut de la citadelle, je m'y transportai avec mon aide, M. Normand, nous y restâmes de midi à quatre heures, j'étais seul de médecin français.

Ici doit se placer un épisode qui eût pu avoir pour nous de bien épouvantables conséquences.

Le voici dans sa plus grande vérité historique.

Le 29 novembre, vers onze heures et demie du matin, lors des premiers coups de canon partis de la citadelle, je suis sorti de la maison sans prévenir ma fille que je voulais assister au siége.

Vers une heure, mon fils aîné, aide chirurgien aux francs-tireurs de picardie, arriva à Amiens, avec une voiture de l'Ambulance de Boves, où il avait trouvé asile depuis le combat du 27 et sur le sort duquel j'étais assez inquiet.

Voyant que mon absence commençait à se prolonger, il offrit à sa sœur de la prendre dans sa voiture et de se mettre à ma recherche, afin de m'aider si besoin était, et ensuite, de partager mes dangers; ce qu'elle accepta avec empressement.

Ils suivirent le boulevard du jardin des plantes jusqu'au pont Saint-Maurice, qui touche à la baraque de l'octroi, à quelques pas de la citadelle, et au plus fort de la lutte. Ils s'adressèrent à un officier prussien afin de savoir s'il ne m'avait pas vu passer? sa réponse fut négative.

Effrayé de leur audace, il les engagea avec beaucoup d'urbanité à retourner, il leur montra deux de ses soldats qui venaient d'être tués; ce à quoi ils répondirent « que porteurs des insignes de la Convention de Genève, (drapeau et brassards réguliers) ils « croyaient pouvoir passer sans danger. »

Voyant leur persistance et devant leurs insignes, il s'inclina, en leur souhaitant: « bonne chance...!! »

Le cheval n'avait pas fait dix pas sur la route qui conduit du pont du jardin des plantes à celui Saint-Leu, qu'ils eurent à essuyer une décharge de fusils, bien nourrie, partant des remparts de la forteresse dont ils n'étaient qu'à quelques mètres. Ils entendirent les balles siffler à leurs oreilles et frapper partout.

Mon fils voyant toute la gravité du danger qu'ils couraient, fit asseoir sa sœur entre les deux banquettes, afin de la garantir tant à l'aide des coussins que par le rempart qu'il lui fit, en se mettant debout dans la voiture. Il agita son drapeau comme signe de neutralité, mais le feu ne cessa point et se renouvela jusqu'au milieu de la Chaussée Saint-Leu.

Ces décharges ne furent sans doute que le résultat d'une erreur? car en France, on ne tire pas sur ceux qui portent les insignes d'Ambulance; cependant, pourquoi tirer sur eux puisqu'ils étaient seuls sur la route? On ne les voyait donc pas?

A cette heure là, le brave commandant Vogel, était tué !!!

Mon fils me dit qu'au milieu de ces décharges, sa sœur ne prononçait que ces paroles : « papa ! où « est papa ? »

Cette horrible scène se passa à quelques pas de moi, sans que je le sache. Beaucoup de personnes pourraient en témoigner; aussi, nos ennemis saluèrent-ils tous mon fils et ma fille à leur passage. Le chef du poste prussien nous envoya sa carte le lendemain, avec ces mots : « tout d'admiration pour « votre courage d'hier. »

Qu'on juge de mes émotions à ma rentrée à la maison à quatre heures et demie.

Je pouvais trouver les cadavres de mes deux enfants!

Après deux jours passés dans d'aussi cruelles et d'aussi poignantes angoisses, je pensais prendre un peu de repos; on va voir ce qui fut réclamé de notre dévouement à tous.

Le même jour 29 novembre, vers onze heures du soir, mon fils vint me faire lever à la hâte, pour partir immédiatement, par ordre et réquisition de l'autorité militaire française, afin d'aller soigner les « nombreux blessés qui se trouvaient à Villers- « Bretonneux, et dans les villages environnants, où « deux jours auparavant, le 27, la lutte fut si meur- « trière et si terrible. »

3ᵐᵉ DIVISION MILITAIRE.

SUBDIVISION DE LA SOMME.

RÉQUISITION.

« Par l'ordre de l'Autorité Militaire, les sieurs Autier, « père et fils, sont requis de se mettre immédiatement « à la disposition de M. le colonel Remington, hôtel du « Rhin, pour aller soigner nos blessés et autres à Villers- « Bretonneux, Cachy, Gentelles, et dans tous les villages « environnants.

« Ils sont autorisés à requérir les voitures, objets de
« pansements, de transports, médicaments, et en général
« tout ce qui leur sera nécessaire pour accomplir leur
« mission d'humanité. »

Amiens, le 29 novembre 1870.

Transmis par le Maire d'Amiens,

Signé : FEUILLOY.

(Cachet de la Mairie d'Amiens).

RÉQUISITION.

« Par ordre de l'Autorité Militaire prussienne, le sieur
« Autier fils, et Mlle Autier, sa sœur, sont requis de se
« mettre immédiatement à la disposition de M. le colonel
« Remington, hôtel du Rhin, pour aller soigner nos blessés
« et autres à Villers-Bretonneux et dans les communes
« environnantes. »

(Cachet prussien).

Amiens, le 29 novembre 1870.

Transmis par le Maire d'Amiens,

Signé : Louis DEWAILLY, Adjoint.

(Cachet de la Mairie d'Amiens).

Je retrouvai des forces devant ces cris français. Nous partîmes à onze heures et demie dans une charrette chargée de draps, chemises, linges, fournis par la maison de charité Cozette, qui les prête aux ouvriers nécessiteux et honnêtes.

Cet envoi était d'autant plus nécessaire que nos pauvres soldats manquaient de tout ; les Ambulances françaises n'ayant rien, mais rien !

Nous arrivâmes à Villers - Bretonneux, vers une heure et demie du matin, avec la plus grande difficulté, tant les postes prussiens étaient rapprochés, tracassiers et exigeants.

Nous y trouvâmes partout un encombrement de soldats français blessés, grélotants, couchés dans les écuries, les bergeries, sans couverture et la plupart sans paille. Des récriminations nous n'en entendîmes pas ; des plaintes arrachées par le froid et la douleur, beaucoup.

Pour bien comprendre toutes les horreurs de la guerre et pour maudire assez ceux qui la déchaînent, ce sont de pareils tableaux qu'il faut voir ! ! !

Combien M. le Préfet de la Somme, dont le cœur est si sensible, dit-on, n'eût-il pas souffert s'il avait vu nos pauvres soldats couchés la plupart sur le sol froid du 30 novembre. C'est là qu'il se serait repenti de ne pas avoir fait construire des Ambulances partout. Cela lui était si facile ! D'un mot il le pouvait.

Le 30 novembre, après les pansements du matin, jugeant bien vite qu'il n'était pas possible de laisser à Villers, un encombrement de 1,000 à 1,100 blessés environ, je partis pour Amiens, pour solliciter des secours et une évacuation très-prompte de la plupart de ces pauvres enfants, car il y avait urgence sous tous les rapports.

Je m'adressai à M. Hardouin, Vice-Président de la Cour d'Appel, à Amiens, et Président de la Société pour secours aux blessés.

Il comprit bien vite toute l'importance de ma démarche; aussi, se hâta-t-il de courir chez le Général prussien, pour se faire autoriser à transporter ces malheureux blessés un peu partout, mais à Amiens, surtout.

L'autorisation demandée ne se fit pas attendre, car le lendemain, dès sept heures du matin, toutes les voitures d'Amiens, réquisitionnées la veille et la nuit, étaient sur la route de Villers.

Tous les blessés qui purent supporter le voyage étaient portés en voiture avec la plus grande sollicitude; le convoi triste et lugubre reprit sa route sur Amiens, à pas lents, et le soir, il ne resta plus à Villers, que 250 blessés environ.

Ce jour là, en vertu de la réquisition qui lui fut faite, ma fille arriva à Villers.

A partir de ce moment, notre service devint régulier, et de tous les instants encore, car nos diverses Ambulances étaient ouvertes. Nous commençâmes, de nouveau, à avoir charge de corps.

A nos pauvres soldats appartenaient encore tous nos instants et tout notre amour, car nous prenions au sérieux la mission dont on nous a chargés.

Nous pouvions avec orgueil nous parer de nos succès des Ardennes, et leur en parler souvent, afin de gagner leur confiance. Avons-nous réussi ? L'avenir le dira, et puis, n'est-ce pas à mes juges qu'il appartient de s'en enquérir et de se prononcer ensuite ?

AMBULANCES

DE

VILLERS - BRETONNEUX

(SOMME).

Elles étaient au nombre de dix-neuf pendant les mois de décembre et janvier.
Nous avons perdu quatre blessés sur cent.

Médecin Chef : M. le docteur AUTIER, d'Amiens, Médecin requis ;

Chirurgien aide : M. AUTIER, fils aîné, requis ;

Aide-Major : M. Stephens NORMAND ;

Pharmacien : M. le docteur AUTIER, requis ;

Surveillante : Mᶫˡᵉ AUTIER, requise ;

Aumônier : M. le Curé DELPLANQUE ;

Infirmier : M. MAURICE, infirmier-militaire.

CAMPAGNE DU NORD.

Pendant plus de deux mois nos pansements commençaient tous les jours à sept heures du matin, pour ne finir que vers deux heures après midi.

Nous avons eu jusqu'à 19 Ambulances établies dans des maisons particulières, que nous visitions souvent jusqu'à deux fois par jour ; dans chacune nous portions ce qui était nécessaire pour panser les blessés qui s'y trouvaient.

A partir du 26 décembre 1870, mon fils fut détaché à Boves, pour soigner les blessés qui y existaient, de sorte que je restai seul avec M. Normand, pour une pareille besogne ; rien n'a souffert, je le pense.

Quoique grièvement blessé le 10 décembre 1870, à l'indicateur de la main droite, dans une autopsie ; blessure qui pardonne *rarement*, je n'ai permis à personne de faire aucun pansement, ni même d'attacher une épingle, malgré d'atroces douleurs. Dix mois se sont écoulés depuis cet accident ; je ne puis encore me servir de ce doigt.

Lorsque les pansements du matin étaient faits, nous rentrions à notre domicile ; là je préparais moi-même les médicaments nécessaires que ma fille et M. Normand, allaient porter dans chaque Ambulance, car j'étais tout à la fois et médecin et pharmacien.

Chaque soir, ma fille et moi, nous préparions les linges et appareils pour la visite du lendemain, et cela. jusqu'au 2 mars 1871.

Indépendamment des soldats français que nous avions à soigner, il nous est arrivé très-souvent d'avoir à panser, le soir surtout, 30 à 40 prussiens, notamment après les luttes de Pont - Noyelles, Péronne, Bapaume, etc., etc.

Le 21 décembre, nous eûmes l'honneur de répondre à plusieurs questions qui nous furent posées par M. le général Faidherbe, lors de son passage avec tout son État-Major, à Villers-Bretonneux, se dirigeant sur Amiens.

Il daigna visiter les Ambulances dont il parut très-satisfait !

Le 23 décembre, le jour de la fameuse bataille de Pont - Noyelles, dont nous avons suivi tous les incidents, je quittai les Ambulances de Villers, vers deux heures après midi, en compagnie de mon fils aîné, de mon petit intrépide Normand, et de notre infirmier. Nous étions munis de provisions de toutes sortes, de linges, etc., etc.

De Villers, au lieu du combat, il y avait plus de huit kilomètres qui furent vivement franchis. Nous

nous dirigeâmes où le canon et la fusillade se faisaient entendre, mais surtout, où ils *portaient*; car là, seulement, est la place du médecin ! Bien des fois nous avons rencontré des obstacles insurmontables ; comme aussi nous avons vu souvent, de part et d'autre, les fusils s'abaisser sur nous et se relever dès qu'on connaissait nos qualités. Nous fûmes utiles ainsi que ce que nous portions ! Cela nous suffisait. Le succès du jour nous rendit fiers !

Vers dix heures du soir nous avons été tout-à-coup séparés ; mon fils fût pris et requis par les prussiens, pour les aider dans l'enlèvement de leurs blessés qu'ils conduisaient au Musée à Amiens. Toute la nuit, elle fut froide celle-là, se passa en voyages de Pont-Noyelles et de Pont-Querrieu, à Amiens.

Le lendemain matin, après l'avoir fait déjeûner, ils le laissèrent libre ; il ne nous raconte jamais cette aventure sans que nous ne pensions au froid intense de cette nuit là, et sans avoir présent à la mémoire la congélation du sang sur les plaies de nos pauvres blessés. Mon pauvre fils n'a vraiment pas de chance, comme on le verra plus loin !

A minuit, je rentrai avec mon infirmier et quatre blessés, trois français et un prussien. M. Normand, fatigué, rentra le matin.

A partir du 27 du mois de décembre 1870, jusqu'au 2 mars 1871, après les visites faites à Villers, malgré la fatigue, les rigueurs de la saison et le peu de sûreté des routes, j'allai à Boves, deux à trois fois par semaine, pour aider et conseiller mon fils qui était en tête des Ambulances. Je rentrai à Villers, bien rarement avant minuit; Boves, étant à 15 kilomètres de Villers.

Villers, étant traversé par la route de Péronne, Bapaume, St-Quentin, etc.; nuit et jour, mais nuit et jour, pendant deux mois, est passé à un mètre des croisées de notre logement, tout l'attirail infernal pour les luttes, produisant sur le sol par la neige durcie, une sorte de craquement aigu qu'accompagnaient les chants lugubres des soldats; aussi, pendant deux mois n'avons-nous pas goûté ni connu le sommeil une seconde. Le soir et la nuit, afin de ne pas être constamment sur pied, nous étions obligés de nous priver de feu et de mettre la lumière dans les armoires !

Il y avait mieux , chaque fois que nous avions à nous parler, nous ne pouvions le faire que très-bas et à l'oreille ; afin de dépister celles des prussiens toujours aux aguets du plus léger bruit.

Le jour, le drapeau d'Ambulance se voyant, nous pouvions parler et nous chauffer; mais plus de vingt fois par chaque jour, il nous fallait lutter pour les empêcher d'y venir s'installer ! Vit-on nulle part plus triste et plus assujettissante position ?

NOËL.

Oui, le Noël de 1870, sur lequel il faut tirer un voile bien sombre, bien épais, et sur lequel il faut porter le deuil. Les chants et les réjouissances qui le saluaient et l'accompagnaient d'ordinaire, doivent être remplacés aujourd'hui, par les larmes de ceux qui comprennent l'abaissement de la France !

C'est ici le lieu de parler d'une scène tragi-comique qui eut lieu la nuit de Noël, du 25 au 26 décembre.

Vers huit heures du soir, arrivèrent à Villers, ville de 4,000 habitants, épuisée et dépourvue de tout, pour y passer la nuit, 30,000 soldats prussiens, de toutes armes, venant du Nord.

La plupart étaient ivres et alors très-exigeants. Le jour de Noël étant pour eux un jour de galas, d'orgies et, dit-on : d'impunités !

Le froid était excessif cette nuit là. Comme on le pense bien, l'Ambulance où nous logions qui était une ferme sur la route, ne fût pas respectée ; il fallut en prendre notre parti, et puis, ce n'était que pour peu d'heures.

Si les prussiens n'ont pas logé dans nos pauvres chambres où n'existaient que les quatre murailles, en revanche, nous avons dû donner asile à tous les animaux de la ferme qu'ils avaient lâchés dans la cour pour se loger, eux et leurs chevaux dans les écuries ; après, toutefois, nous avoir enlevé, par seaux, toute la bière qui se trouvait dans la cave !

Dans la toute petite chambre à coucher de notre infirmier, on y avait placé quatre vaches, tandis que dans notre modeste cuisine, il y avait trois chevaux, et plusieurs prussiens, préparant leur repas. Je les vois encore occupés à peler *nos* pommes de terre avec leurs grands sabres !

A quelques centimètres de nos croisées, nous eûmes à entendre toute la nuit, les cris, les chants tristes et avinés, ainsi que les pas mal cadencés et titubants des sentinelles ivres, luttant contre le froid si vif.

Pendant ce temps, une scène d'un autre ordre qui pouvait avoir de bien épouvantables résultats, se passait dans une grange de la ferme, au milieu du fourrage. Le moins ivre des soldats, voulut malgré tout le monde, conserver sa bougie allumée sur une botte de paille, à laquelle le feu prit ; il fût bientôt éteint, car personne n'avait songé à se coucher dans la ferme, et puis, l'eau était toute prête.

Tout le dégât se borna à un peu de paille brûlée

et à la carbonisation complète de la tunique, du pantalon et des bottes de l'imprudent que son action dégrisa.

Le lendemain il dût se rendre à l'appel du départ, dans un accoutrement que l'on ne peut oublier : il consistait en une couverture de cheval qu'il s'était mise sur le dos, et qui n'arrivait qu'à mi-mollets !

Hué par ses camarades à son arrivée, ses chefs durent le faire monter en voiture pour le soustraire à leurs risées.

Voici notre Noël de 1870 ! ! !

Chaque heure du jour et de la nuit avait ses tribulations et ses transes ; un moment de calme nous n'en eûmes jamais ; malgré cela cependant, il fallait tous les matins parcourir le pays dans tous les sens, pendant plusieurs heures, pour les visites et pansements ; le plus souvent dans la boue et la neige, non jusqu'à la cheville, mais jusqu'à mi-jambe.

Je dois au froid vif et persistant de l'hiver 1870-1871, dont, plus que tous autres, j'ai eu beaucoup à souffrir ; notamment à cause des voyages presque journaliers, à Boves, surtout la nuit, d'avoir eu deux orteils du pied gauche gelés ; aussi, de marcheur intrépide que j'étais — connu à Amiens, comme tel, — je ne marche aujourd'hui qu'avec la plus grande difficulté, et, encore, non sans de vives douleurs !

Jamais personne ne pourra se faire la moindre idée de nos souffrances et de nos luttes de *toute* nature, dont, du reste, nous ne nous plaignons pas.

J'étais tout à la fois : le médecin chef, le pharmacien, l'administrateur, le pourvoyeur ; enfin, chargé de la police ; fonctions bien multiples que j'ai remplies pendant plusieurs mois avec le plus de dévouement possible, et de mon mieux ; je l'ai cru du reste, et cela, sans m'occuper des fatigues de jour et de nuit.

Nous arrivons au chapitre le plus poignant de tout l'ouvrage, celui qui traite du passage des prisonniers français à Villers !

Devant de telles scènes, le cœur bat à briser la poitrine, on étouffe, on ne se contient qu'avec la plus grande difficulté ; mais bien vite le cœur s'élève, le patriotisme éclate, et, alors, on court, on vole pour les soulager si on ne peut faire plus !!!

Sans les nombreux blessés en voie de guérison, sans les nombreux prussiens qui couchaient à Villers, que nous avions à panser à leur arrivée et le matin à cinq heures, avant leur départ pour l'Ambulance du Musée, ici se placerait notre relation des batailles de Péronne, Bapaume, St-Quentin, où nous devions tous aller. Mais qui eut soigné nos blessés ?

SURSUM CORDA.

C'était le 21 janvier 1871, jour qu'aucun de nous ne pourra oublier ; sont arrivés à Villers, près de 4,000 prisonniers français, conduits en Prusse. C'est la plus forte colonne que nous ayons vue.

Tous grélotants, se mourant de faim ! Tous couverts de boue des pieds à la tête, tant les routes étaient effondrées et en cloaques, par le passage lourd et prolongé des voitures prussiennes et autres, pour le Nord ; boue froide et glacée qui s'infiltrait à travers les misérables chaussures de la plupart.

Quoiqu'exténués de fatigues, le repos dans de telles conditions, leur était plus pénible que la marche.

Pendant le temps qu'on préparait les granges et écuries pour les abriter la nuit, ils étaient stationnant sous nos croisées ; c'est alors, que malgré les menaces et les cris arrogants de leurs conducteurs, je ne craignis pas d'en faire évader et d'en faire entrer le plus possible, dans l'Ambulance.

J'en conservai vingt-trois, sous le prétexte qu'ils étaient malades.

A plusieurs reprises les prussiens vinrent pour me les reprendre ; mais je tins ferme, leurs coups de crosse sur le sol et, sur tout, ne m'ayant ni ébranlé, ni fait peur !

La soirée et la nuit se passèrent en pansements de ceux qui avaient les pieds blessés, etc., et ils étaient nombreux !

Disons-le bien vite: tout le monde s'est multiplié pour remplir ses devoirs de patriotisme. Quelle belle entente pour secourir nos pauvres soldats !

Ce jour là, comme plusieurs autres fois, du reste, tout le personnel médical fit jeûne toute la journée; tout ayant été donné ; pas un mot, pas une plainte ne se firent entendre ; chacun était content de ce léger sacrifice ; il y a mieux, un jeune homme de seize ans, M. Léon de Vaubert, de Boves, qui était venu nous faire visite, nous dit le soir en se couchant : « que cette journée de privation serait la « plus belle de sa vie. »

J'aurai toujours présent à l'esprit, encore une curieuse scène qui se passa le 22 janvier 1871, dans une de nos Ambulances, située sur la route. C'était à l'heure du départ des prisonniers français arrivés la veille à Villers. Le commandant prussien qui les conduisait, vint à l'Ambulance pour reprendre les vingt-trois prisonniers que j'y avais fait entrer comme malades; mais qui dût sortir comme il était rentré,

n'ayant voulu lui en rendre aucun. Il allait se re-
tirer lorsqu'arrive, porté par une sorte d'hercule
du pays, accompagné de plusieurs soldats prussiens,
un artilleur de marine, à la voix rauque, avinée,
qui fit de son mieux pour faire croire qu'il souffrait
beaucoup.

L'officier prussien ne s'y méprit point et lui dit
que « s'il était malade, c'était d'avoir trop bu. »

J'intervins alors pour déclarer que ce soldat « avait
« besoin de soins et que la raucité de sa voix
« n'était due qu'au froid. » Sur cela il partit en
jurant, et surtout, bien peu convaincu.

Ce chef prussien n'avait pas fait *trois pas* dans la
cour, que notre intrépide marin sauta dans la
chambre en se tournant de son côté, le poing fermé
et disant : « *Oh ! toi gredin, si jamais tu tombes
sous mes griffes, je ne te dis que cela !* »

L'officier ne vit et n'entendit rien, par bonheur,
sans quoi nos peines étaient perdues. Arrivé sur la
route il donna le signal du départ, et, alors, les
cris brusques de leurs conducteurs, couvrirent la
voix de nos pauvres soldats, répondant à nos sou-
haits « de bon voyage et de bon espoir. »

On ne voit pas de pareils tableaux, rappelant le
passage de la chaîne des forçats, sans être pris
de bien poignantes émotions.

L'audace d'avoir enlevé vingt-trois prisonniers

français aux prussiens, avait tellement effrayé, à bon droit, l'Administration municipale de Villers, que M. le Maire m'écrivit une lettre trois jours après, pour me prévenir que ces prisonniers étaient sous ma *responsabilité personnelle*.

Voici copie de cette lettre :

MAIRIE

DE VILLERS-BRETONNEUX.

Villers-Bretonneux, le 24 janvier 1871.

« Monsieur le docteur Autier,

« Je m'empresse de vous informer que l'Administration « municipale, en consentant à donner la nourriture aux « soldats que vous avez fait entrer dans votre Ambulance « et qui y ont été laissés le 22 courant, par M. Von der « Lippe, premier lieutenant au régiment n° 69, a entendu « être complétement déchargée et ne point répondre de « ces hommes.

« Il est donc bien convenu que s'il s'évadait de ces « soldats, ce ne serait ni à l'administration municipale « ni à la commune, à rendre compte au général prussien, « et que *vous seul* aurez à vous entendre avec lui.

« Pour le logement de ces hommes, ne pouvant, faute « de place, les faire entrer à la mairie, l'Administration « compte sur vous pour les loger de telle sorte que vous

« puissiez les surveiller facilement et éviter des évasions
« qui ne pourraient entraîner que de bien grands désa-
« grément. »

Recevez, etc., etc.

Signé : Ed. D'HEILLY, Maire.

(Ici le cachet de la ville).

Monsieur le Maire de Villers, dont le cœur est si bon, a dû souffrir en signant cette lettre. Nous l'avons vu à l'œuvre, et nous disons, sans flatterie, que de pareils magistrats sont rares.

On peut dire de lui qu'il était le premier au travail et le dernier à la peine, pendant ces quatre mois calamiteux.

Comme on le voit par le contenu de sa lettre, ces prisonniers conservés par moi, volés par moi, étaient bien sous ma responsabilité personnelle ; c'était donc bien sérieux ? Tant mieux.

J'allai cumuler le titre de médecin et celui de geôlier ; singulier assemblage de titre et de qualité.

Je fus fier, pour ne pas dire heureux, d'une telle responsabilité ; et puis, est-ce que je n'avais pas empêché plusieurs français, dont quelques-uns étaient pères de famille, d'aller en Prusse ? Cela me suffisait amplement.

Je n'ai pas eu à me repentir un seul instant d'avoir trompé les prussiens. Mes pensionnaires, la plupart de la courageuse et intrépide infanterie de marine, ne m'ayant jamais causé un seul souci pendant les cinq semaines qu'ils sont restés avec nous ; au milieu d'une garnison prussienne, pourtant !

Pour obtenir une telle docilité de la part de pareils hommes, il m'a suffi de leur lire la lettre de la mairie, dont ils eurent bien vite compris toute l'importance ; et puis, après les visites du matin, mon aide Normand, qui tous, l'aimaient beaucoup, allait passer quelques heures avec eux, pour leur faire la lecture de tous les journaux que je pouvais me procurer. Ce qu'il faisait le matin, je le faisais le soir ; nous étions lecteurs de nos prisonniers enlevés, volés aux prussiens ; et cela pendant cinq semaines.

Notre artilleur de marine qui a nom Latrille, de Bordeaux, était cuisinier à bord ; il devint celui de nos vingt-trois prisonniers, et dont ils furent très-contents ; dès le premier jour il prit sur eux une autorité qui me fut très-utile, car la désertion de l'un ou de plusieurs d'entr'eux, devait être évitée à tout prix, pour ceux de mes hôtes qui seraient restés dociles, et que, de suite, on eut fait partir en Prusse. Je l'ai déjà dit : ils furent tous très-soumis.

Quant à ce qui pouvait m'arriver, je ne m'en préoccupai guère, n'avais-je pas tout sacrifié à Dieu et à la France ? N'étais-je pas assez récompensé d'avoir pu être utile pendant près de six mois déjà. Ce qui précède n'est pas de la médecine, je le sais, mais aucun blâme ne peut m'atteindre à ce sujet ! Je ne le pense pas, du reste !

NOS SERVICES.

> ✦

Nous avons été bien heureux d'avoir pu être utiles à nos pauvres soldats, pendant notre séjour à Villers. Autant j'étais heureux et confiant, dans l'intérêt du blessé, lorsque la balle n'avait traversé qu'un ou plusieurs os spongieux ; — cas de M. Lanson, de Villers ; — car, alors, ce n'était qu'une sorte de plaie en séton, avec peu de sympathie de voisinage ; mais autant je l'étais peu, quand le projectile avait porté son action sur une grande diaphyse, attendu qu'il fallait compter, d'abord, avec le broiement de l'os en éclat, et, ensuite, avec les félures qui souvent la sillonnaient dans tous les sens ; — cas de M. Alphonse, de Villers. —

C'est à ces modestes connaissances pathologiques que plusieurs soldats ont dû de conserver leurs membres, tant dans les *Ardennes* que dans le *Nord*.

Je vais citer ici un exemple entre plusieurs.

Dans une Ambulance de Villers, sous la direction d'un médecin du pays, le docteur D..., se trouvait le sergent Lanson, blessé le 27 novembre, au pied

gauche, par une balle ayant traversé les deux mal-
léoles. L'ablation du membre était jugée indispen-
sable par le docteur D..., et un médecin de l'Ambulance, de Cachy. Elle devait être pratiquée le
lendemain. Avant de s'y soumettre et sur les ins-
tances de M. Lanson, son père, Juge de Paix à
Reims, d'où il était arrivé la veille, il écrivit à
M. le Maire de Villers, la lettre qu'on va lire, dont
il m'envoya la copie :

Villers-Bretonneux, 13 janvier 1871.

« Monsieur le Maire,

« Me trouvant affligé d'une blessure qui porte à croire
« à une amputation et voulant m'assurer par moi-même
« si cela pourrait se modifier, je prends la liberté de vous
« prier de m'envoyer M. le docteur Autier, dont on dit
« tant de bien, et que j'aurais le plus grand désir de
« consulter. »

Recevez, Monsieur le Maire, etc., etc.

Signé : LANSON,
Sergent chez M. Riquebœuf.

A la suite de cette lettre, voici celle du Maire :

« Monsieur le docteur Autier,

« J'ai l'honneur de vous donner ci-dessus copie d'une
« lettre que je viens de recevoir.

« J'espère que vous voudrez bien vous rendre au désir
« et à la prière de ce malheureux blessé. »

Recevez, etc., etc.

Signé : Ed. D'HEILLY, Maire.

Au-dessous, de la main de M. le Maire, on lit :

« Merci mille fois pour tous les soins que vous voulez
« bien donner à nos malheureux blessés ; il ne me sera
« jamais possible de vous exprimer assez toute ma recon-
« naissance. »

Signé : Ed. D'HEILLY.

Le lendemain, vers huit heures, je me rendis au
désir de M. Lanson ; après un examen bien attentif,
je lui promis la conservation du pied dont il se
servirait comme de l'autre ; mes confrères se récriè-
rent, mais MM. Lanson, père et fils, ont accepté
mon pronostic avec la joie la plus vive.

Aujourd'hui, M. Lanson, se sert de son pied et
se félicite tous les jours, d'avoir écrit à M. le Maire,
et, surtout, « d'avoir tenu bon, » comme il le dit.

Dans l'Ambulance où était M. Lanson, se trouvait
aussi le chasseur Alphonse..., âgé de vingt ans, déjà
amputé de la cuisse droite dans son tiers inférieur,
il y avait deux mois.

Comme pour M. Lanson, jour était pris pour pratiquer une nouvelle amputation à Alphonse... au tiers supérieur, cette fois, attendu que l'os dépassait les chairs cicatrisées de près de deux centimètres. Au centre, la moelle faisait saillie, sous forme de tumeur. saignante.

L'aspect de l'os me fit bien vite soupçonner qu'il était mort, nécrosé ; en effet, à l'aide d'une pince et d'un mouvement de torsion, j'enlevai un cylindre osseux de trois centimètres de hauteur, légèrement échancré en V sur un point de sa circonférence ; présentant deux dentelures d'un centimètre de large à leur base, un peu étoilées et finissant en pointes un peu émoussées, d'une hauteur de deux et de trois centimètres ; suite de fêlures.

Au bout de dix jours la guérison était complète ; elle ne s'est pas démentie depuis !

Au lieu d'une amputation circulaire qui a permis de juger l'os de visu, si elle avait été à lambeaux, que serait-il arrivé ?

Comme je n'écris pas exclusivement pour des médecins, je m'arrête là à mon grand regret.

REMERCIEMENTS.

Je vais en avoir bientôt fini avec la Campagne du Nord, en ce qui me concerne, il me restera à parler de mon fils aîné, dont la conduite offre des traits d'audace et de dévouement bien curieux ; mais auparavant je ne dois pas oublier de payer des tribus de remerciements à nos bienfaiteurs ! ! !

Que Villers-Bretonneux, comme Nouzon, soit fier, car les cœurs humains et généreux y sont nombreux. Ne l'a-t-on pas vu par la grande quantité d'Ambulances particulières, si bien tenues, où rien n'était épargné pour soulager les pauvres blessés, et surtout, l'empressement de toute la population qui se privait de tout, pour le porter aux prisonniers français du Nord, qui passaient tous à Villers pour aller en Prusse.

Nous le savons pour en avoir été témoin ; que ces jours là beaucoup d'habitants se couchaient sans souper ! Ils étaient contents du bien fait.

Ces jours là aussi, le plus intrépide et le plus tenace entre tous, était M. Delplanque, curé de

Villers , rien ne le rebutait ; dans la boue jusqu'à mi-jambes, il distribuait à tous les prisonniers.

Son dévouement dans ces jours malheureux, était le même que celui qu'il portait dans les Ambulances, à nos pauvres blessés dont il était très-aimé. Ses deux vicaires, MM. les abbés Sagnier, et Renard, l'ont bien dignement secondé.

C'est à tous, un souvenir de la plus vive reconnaissance que j'adresse ici.

Que de gratitude et de reconnaissance , mon Dieu, la pauvre France, ne doit-elle pas à cette Société nationale anglaise, pour secours aux blessés ; que de bien n'a-t-elle pas fait sans bruit, sans la moindre ostentation ; que d'existences ne lui devons-nous pas ; que de douleurs par ses appareils ingénieux , n'a-t-elle pas épargnées à nos pauvres soldats. Tout nous était donné à profusion. Ici elle fut dignement représentée en la personne de M. le colonel Cox, et en celle de Mme Cox, dont l'humanité ici restera proverbiale !

Merci à vous , merci à eux ; merci , cent fois merci !

La Société prussienne, de secours aux blessés, nous a aussi beaucoup donné, ce qui prouve que l'humanité est de tous les pays, et qui, semblable au médecin, ne voulut être d'aucun parti. Nous n'avons jamais rien demandé au Chevalier de St-Jean,

M. Kounouki, un de ses chefs, sans qu'il ne se soit empressé de faire droit de suite à nos demandes.

Je n'oublierai pas non plus une bien charitable et courageuse dame d'Amiens, Mme Bellard, qui a su tout braver pour venir plusieurs fois nous apporter à Villers, dans sa voiture, des vins généreux de toutes sortes, du tabac, qu'elle allait elle-même solliciter de la générosité de tous. De pareils cœurs sont trop rares pour le bonheur de l'humanité !

Dans son discours prononcé le 27 novembre 1871, à Dury, le sergent Lagogué, a été dans le vrai en honorant comme il l'a fait, les sœurs de Charité ; mais il n'y a pas été et a fait acte d'ingratitude, en disant : « qu'elles avaient été les chercher sur « les champs de la lutte, et les avaient ensuite « soignés du matin au soir dans les Ambulances « de Villers, Cachy, Gentelles et Boves. »

La vérité est que dans les dix-neuf Ambulances que j'avais à Villers, et dans une desquelles M. Lagogué est resté près de deux mois et demi, soigné par moi ; pas plus que moi, il ne *pourra jamais dire y en avoir vu entrer une seule !*

Il savait très-bien, au contraire, — et par quelle singulière aberration l'a-t-il oublié, — que les blessés qui étaient dans chaque Ambulance, avaient été recueillis sur le champ de bataille, par les propriétaires seuls des locaux où elles étaient établies, et toutes entretenues à leurs frais, ensuite, qu'ils les soignaient jour et nuit, sans solliciter l'aide de personne, pas même des séminaristes intelligents que j'ai vus à l'œuvre, que Monseigneur l'Évêque d'Amiens, avait envoyés à Villers, où ils étaient occupés, surtout à l'Ambulance du château.

Voilà M. Lagogué ce que vous ne pouviez oublier. Il est beau, il est convenable d'être vrai et juste tout à la fois.

Assez de discours et de cérémonies; tout cela est inutile, dit M. Jules Noriac, dans le *XIX° Siècle,* ce ne sont que des prétextes « pour certaines vanités « personnelles, de se mettre en évidence. Nous som- « mes vaincus, bien vaincus ; silence ! » pleurons sans bruit !

Malgré la réquisition qui me donnait un pouvoir presqu'illimité, j'ai agi avec une sévère économie à notre égard. Nous n'avions que juste le strict nécessaire qui nous était préparé par la femme du concierge de la ferme où logeait mon personnel ! Le tout lui était fourni par M. Patrice-Bouchez, propriétaire de la ferme ; un de ces cœurs d'or et de dévouement très-rare, par ce temps d'égoïsme. Il a bien regretté de n'avoir pu faire plus. Son fils l'a bien dignement secondé ; partout il cherchait à épier les besoins, afin de les secourir. Quant à Melle Patrice, dame Dieu, elle est resté pendant quatre mois la Providence des nombreux blessés des Ambulances du château.

ÉVACUATION DES BLESSÉS

A BOVES.

Le 2 mars 1871, je fis transporter à Boves, dans les Ambulances dirigées par mon fils, les blessés qui ont pu en supporter le voyage, laissant à Villers, les douze auxquels le plus léger déplacement pouvait nuire, et que je suis allé visiter trois fois par semaine, pendant les mois de mars, avril et une partie de mai. Je couchai à Villers, quand besoin était.

Afin qu'ils aient des soins de tous les instants, je laissai près d'eux mon aide-major, M. Normand, mon compagnon fidèle sur les champs de bataille, et mon aide intelligent dans les Ambulances, et pourtant, il n'a que dix-neuf ans ; *sa pension a été payée par moi, à M. Caron, maison M. Riquebœuf.*

Au lieu d'être payé et bien nourri comme mes confrères de l'Internationale, c'est tout le contraire qui avait lieu pour nous !

Trois fois par semaine, en allant à Villers, je visitai les blessés de Boves, qui étaient au château de Mme la comtesse de Vaubert de Genlis, que depuis le 27 novembre 1870, à deux heures après midi, elle avait fait convertir en Ambulance, et dont elle s'est mise en tête avec un dévouement bien digne d'exemple ; elle n'a rien épargné pour secourir les pauvres blessés; les plus grands sacrifices ne lui ont pas coûté; rien n'a été épargné ni éludé. Toujours la première et la dernière au devoir et à la besogne. Son dévouement et sa bonté pour plus de 160 à 175 blessés recueillis et soignés chez elle , se sont toujours maintenus jusqu'au dernier jour. Que sa modestie ne s'effarouche pas de ces éloges, ils sont dictés par la reconnaissance et l'admiration de ses œuvres.

Nos blessés venus de Villers, sont enchantés de leur nouvelle Ambulance, parce qu'ils y trouvent des promenades à pied et en bateau, la chasse et la pêche, tous genres d'exercices appropriés à leur goût et à leur force.

Pendant près de trois mois tous les voyages de Villers et de Boves, ont eu lieu à mes frais. Plusieurs fois, malgré près de 20 kilomètres d'aller, je les faisais à pied; et cela, tant que la voie de fer ne fut pas rétablie, ou quand je ne trouvais pas de voiture à mes frais; depuis qu'il plût à M. Vasseur, adjoint, de m'en refuser malgré mon titre de médecin requis pour Villers, où se trouvaient encore plusieurs blessés que je devais panser. S'il a rendu service à l'Administration, il ne l'a pas rendu à l'humanité et ni à mes jambes. Ce jour là, je dus faire la route à pied, aussi, mes malades n'ont pu être visités qu'à sept heures du soir, et par sa faute.

On m'a fait remarquer depuis, que j'avais eu tort de m'adresser à un adjoint qui avait moins de pouvoir que moi pour obtenir une voiture sur réquisition, attendu que le 29 novembre 1870, il m'avait été donné un pouvoir absolu pour en requérir quand je le jugerais à propos.

Je n'ignorais pas cela ; mais voulant éviter un conflit, je me suis adressé à lui. Je regrette d'avoir eu la main si malheureuse ; non pour moi !

S'il a de la mémoire, il doit se rappeler ces paroles que je lui adressai en quittant la salle où il trônait, et que je suis bien aise de confirmer ici : « Ce refus, Monsieur, est plus que de l'inhuma- « nité ! »

La mesure prise par moi de faire transporter à Boves, les blessés de Villers, était excellente, car elle me permettait de me reposer un peu à Amiens ; de revoir ma clientèle abandonnée depuis sept mois, errant de médecin en médecin ; puis, elle venait soulager les personnes de Villers, qui les avaient chez elles, depuis plusieurs mois.

Mais du moment où ils ne purent y être tous

transportés, cette mesure devint mauvaise; elle me fut très-préjudiciable; en effet, je fus obligé d'être. tous les jours en voyage.

Vrai juif errant, marchant, marchant toujours, tantôt pour Boves, tantôt pour Villers !

Le mal étant fait, je dus me résigner à tout; témoins les voyages à mes frais; quelques fois à pied; entretien d'un aide à mes frais encore, pour les soigner à Villers, pendant mon absence; fatigues de tous les instants; alors que j'avais déjà tant souffert et que j'étais épuisé de tout et en tout.

Je puis dire, sans orgueil, que le sacrifice que je fis en échange des quelques services que je pouvais rendre, fut complet; du reste, il fut fait sans restriction, ni prétention, par la seule décision de mon cœur et de ma raison bien consultés.

Tous ceux qui me liront et qui avaient connaissance de l'étendue de l'antipathie que j'avais pour tout ce qui portait sabre, ne manqueront pas de demander comment j'ai pu faire pour la vaincre ?

Ma réponse sera bien facile, elle est celle-ci : par le devoir !

Ce peu de sympathie que je m'explique mal, serait bien vite changé en admiration, si les soldats de toutes armes, de l'armée de terre, — notamment de l'infanterie « les grandes capotes » comme les appelaient les braves turcos, sitôt décimés, trop

vite exposés, — avaient le sérieux et toute l'intré-
pidité de leurs camarades, les marins qu'il nous a
été donné de voir combattre.

Disons-le, de suite : ce n'est pas chez eux qu'on
observera ces gestes du *titi* qui font la joie et l'admiration des badauds de toute classe. Ces marins
rappellent un peu nos ennemis, les prussiens, qu'on
sait froids, impassibles ; qui sont où on ne les
croit pas, et qu'on croit où ils ne sont pas ; tant
ils font tout sans bruits et sans fanfaronnades ;
comme on le dit: « sans tambour ni trompette. »
Chez nous, voit-on cela? Non! Peut-on le voir ? Oui.

On croirait même qu'ils s'enfoncent sous terre,
tant leur disparition d'un lieu de campement, est
prompte et surprenante !

Est-ce qu'on pourra obtenir rien de pareil, du
troupier français ? Oui et non ; si, non, alors on
peut donc lui dire avec raison : qu'il n'est pas
assez sérieux et que l'insouciance et la gaieté dont
il aime tant à faire parade, ne donnent pas le gain
des batailles ! ! !

Plus en haut encore qu'en bas, on ne rencontre
que fanfaronnades, — un exemple entre mille ; —
en effet, voyez la prodigieuse quantité de voitures
luxueuses et encombrantes, du Souverain français,
parti à la guerre comme à une partie de chasse ;
comparez-les avec celles du Souverain prussien et

de sa suite, qui sont en très-petit nombre, toutes très-lourdes et peu coquettes.

Est-ce que le premier, malgré ses voitures à profusion, dans le but d'éblouir, de jeter de la poudre aux yeux, — on peut l'affirmer, — et trop peu en rapport avec la gravité de la situation, a pu vaincre le second, dont tout l'équipage roulant attaché à sa personne, était presque patriarcal ?

La première fois qu'il nous fut donné de voir de très-près, et les unes et les autres, nous prononçâmes ces mots : « fanfarons et fanfaron- « nades ; frivolité et austérité. » Nous les confirmons encore ici !

Copie du Certificat de M. le Maire de Villers, qui confirme tout ce qui précède.

CERTIFICAT

« Nous soussigné, Maire de Villers-Bretonneux (Somme), « certifions que M. le docteur Autier, d'Amiens, médecin « requis par l'Autorité Militaire à la date du 29 novembre « 1870, « pour soigner les blessés de la bataille de Villers-

« Bretonneux et des villages environnants, » livrée le
« 27 novembre 1870, a accompli sa mission avec un zèle
« et un dévouement sans nuls pareils.

« Nuit et jour sur pied, pansant les blessés pendant plu-
« sieurs heures; préparant et distribuant les médicaments;
« quoiqu'il fût grièvement blessé, il ne permit à personne
« de le remplacer ni même de le seconder dans aucun
« pansement.

« Aussi, comme après la lutte de Sedan, où, comme
« médecin il obtint de si beaux succès, ses peines ont
« été ici couronnées par de bien nombreuses et de bien
« curieuses guérisons, car nous pouvons déclarer et cer-
« tifier ici que M. Autier n'a pas perdu quatre malades
« sur cent, nous lui devons de bien beaux et de bien curieux
« résultats.

« Disons-le aussi bien vite, il fut parfaitement secondé
« par Mlle Autier, sa fille, et pendant un mois par son fils,
« détaché à Boves, distant de 15 kilomètres de Villers,
« où deux fois par semaine, malgré la saison rigoureuse,
« il ne manqua jamais de se rendre pour l'aider de ses
« conseils.

« M. Autier quitte Villers ce jour pour rentrer à Amiens,
« étant exténué de fatigues, mais il fait transporter à Boves
« (sept kilomètres d'Amiens), les soldats blessés le 27 no-
« vembre, qu'à leur instante prière nous avons confiés à
« ses soins intelligents, il y a environ un mois.

« Comme aussi, ceux recueillis par lui lors du passage
« de 3,000 prisonniers français.

« Et ceux de Querrieux, Pont-Noyelles, par lui recueillis
« le 23 décembre soir, sur le champ de bataille.

« De pareils actes de dévouement et d'humanité sont trop
« rares, pour qu'au nom de tous, et au nôtre en parti-
« culier, nous ne lui en témoignions pas ici toute notre
« admiration. »

Villers-Bretonneux, le 2 mars 1871.

Signé : Ed. D'HEILLY.

(Cachet de la Mairie).

BRAVOURE OU FÉROCITÉ.

Le nom de turco que je viens d'écrire dans un des derniers paragraphes du chapitre précédent, me rappelle une scène bien horrible que je tiens à faire connaître ici, qui s'est passée dans la forêt qui avoisine et entoure Gespunsart, près Nouzon, le 1er septembre 1870, entre un turco, — brave enfant de dix-huit ans, plein d'instruction et d'intelligence — et un prussien, jeune aussi, dont il aimait à vanter le courage, et qu'en temps de paix, disait-il, « il eut été bien heureux d'être l'ami. »

Exténués de fatigues et de faiblesse par le sang qu'ils perdaient tous les deux, suite d'une lutte déjà longue, ils roulèrent de leur monture sur le sol, réussirent à se rapprocher, à s'entrelacer pour mieux se poignarder, se déchirer, se mordre; oui se mordre avec rage, et « *se couper,* » comme il me le dit dans son langage haletant, fiévreux !!! Un tel acharnement devait avoir une fin triste, inévitable; le soldat prussien mourut pendant la lutte, mais son ennemi, notre petit turco qui lui survécut

et que je fus visiter douze jours après, *(voyez p. 13)*
avait le corps tout fendillé, taillé, en un mot,
scalpelé, tout meurtri, et malgré cela pourtant,
ayant encore une figure d'un type ravissant et
splendide ! Il était gisant sur un matelas que les
témoins de l'affreuse scène, avaient placé à la hâte,
sur une table d'école, recouverte de paille, dans
l'école même, près l'église. C'était bien le plus
épouvantable tableau qu'il soit possible de voir !

A de telles et d'aussi nombreuses blessures que
le temps écoulé — douze jours, — le gonflement
et la gravité rendaient hideuses, est-ce que ce
pauvre turco devait, pouvait survivre ?

Gespunsart, est un gros et riche village de plus
de 3,000 âmes, comme perdu au milieu des bois,
à un demi kilomètre de la Belgique ; éloigné de
10 kilomètres de Nouzon, où siége une station de
chemin de fer. Eu égard à cette position isolée, on
ne pouvait donc penser à y faire construire une
Ambulance.

Bien certainement, sans la déroute de Sedan, du
1er septembre 1870, et surtout, sans l'acharnement
qu'apportèrent les combattants à se poursuivre longtemps, jamais aucun blessé n'eût été soigné dans
ce village ; aussi, fut-il pris au dépourvu. Tous les
blessés qui s'y étaient réfugiés et qui purent supporter le voyage, ont été transportés dans notre

Ambulance de Nouzon. Quant à ceux plus grave-
ment blessés, comme notre petit turco, ils durent
rester dans les maisons où ils furent admis le premier jour ; la pensée de les transporter, eut été
un crime !

Comprend-on la guerre enflammant et exaltant
le patriotisme au point de pervertir et d'égarer, —
si je puis ainsi m'exprimer, — les facultés morales
des combattants ?

Est-ce que dans l'état actuel de nos mœurs, de
pareilles calamités devraient encore être déchaînées
sur l'espèce humaine, sur laquelle nul ne devrait
avoir le droit de vie ou de mort ?

La bravoure, — tout le monde le sait, — consiste
à tout oser, tout entreprendre pour la défense de
la Patrie envahie ; mais, je ne crois pas qu'elle
consiste à s'acharner sur son ennemi, pour le dis-
séquer, comme une hyène dissèque sa proie. Cela,
— à mon sens, — n'est plus de la bravoure, c'est
bien de la férocité, même au plus haut degré.

Ici, je sais qu'il faut faire la part du milieu habité
par nos deux combattants, et des mœurs qui y sont
le plus en honneur !

On connait l'Afrique et les mœurs de ses naturels ?
C'est assez dire pour qu'il soit admis des circonstances atténuantes à l'acte commis par notre turco,
et dont il est fait mention plus haut !

Parmi toutes les personnes qui connaissent le trait dont il vient d'être question, dans ce chapitre, je n'ai rencontré que le plus petit nombre pour l'exalter, l'approuver, et en faire de l'héroïsme!

Le plus grand nombre, au contraire, formule un jugement sévère sur lui, et le désigne comme un acte qui fut accompli, alors que la raison pervertie, a dû succomber devant le fanatisme qui ne cède à aucune considération!

ÉNIGME.

Pourquoi, pendant près de deux mois, au moins deux à trois fois par semaine, à partir du 19 décembre 1870, avais-je la visite d'un officier supérieur prussien, venant d'Amiens, à Villers, pour me demander avec la plus grande insistance, souvent avec menaces, les noms et le nombre des soldats français blessés, et soignés par moi?

A chaque demande, comme on le comprend aisément, j'ai toujours répondu par un refus bien formel que je motivais par ces mots: « dans aucun « pays du monde le médecin n'est obligé de se « livrer à la délation; sa mission est de guérir et « non d'être un pourvoyeur des exigences du bon « plaisir; et puis, jusqu'à ce jour, dans les Ambu- « lances de l'Armée du Rhin, jamais pareil caprice « ne s'est manifesté. »

Convaincu ou non, il sortit, mais pour être suivi d'un autre quelques jours après, revenant à la charge. Tous les moyens et toutes les ruses furent employés, sans plus de succès.

Les blessés qui connaissaient ces démarches, en furent d'abord inquiets; mais, plus tard, ils ne s'en occupèrent plus, car je les rassurai de mon mieux.

Bref, j'ai tenu bon et je n'ai qu'à m'en féliciter. La victoire qui fut achetée au prix de bien des transes et de bien des angoisses, n'en reste pas moins une victoire qui trouve son explication dans la dignité du caractère médical, dignité qui ne permet aucune transaction.

Ce qu'ayant vu le 19 décembre à Villers, je partis en toute hâte aux Ambulances de Boves, où l'officier devait aller, après avoir visité Marcelcave, siége des leurs. Mon fils, ainsi prévenu avant son arrivée, tint bon aussi de son côté. Là encore, la victoire nous resta.

Donc, dix jours avant mes confrères d'Amiens, je fus sommé, comme ils l'ont été le 31 décembre. Sans nous avoir vus, sans même savoir si rien d'aussi révoltant pouvait avoir lieu, nous fûmes tous unanimes pour refuser ce qu'on osait exiger de nous!

Je dis ici avec tristesse que des français se joignirent aux prussiens pour me blâmer à chaque instant de ce qu'ils appelaient mon *entêtement*, car, disaient-ils dans leur patriotisme alarmé : « j'exposais « le pays, déjà si éprouvé, à l'être encore plus. »

Devant ces terreurs folles et exagérées, je fus insensible; je luttai de toute mon âme, et sus éviter les piéges qu'on me tendis de part et d'autre !!!

Était-ce pour les envoyer en Prusse, après leur guérison? Ce n'est guère probable, puisque les chefs prussiens qu'il y avait à Villers, donnaient à *tous* ceux de nos soldats guéris ou convalescents, des saufs-conduits, pour retourner dans leur famille, lorsqu'ils le désiraient.

Mais alors, pourquoi cette persistance? Je déclare bien vite que, pour moi, cette énigme est indéchiffrable.

Pendant les premiers jours d'une pareille complaisance de leur part, je craignis un piége; je l'avoue, aussi, blâmai-je les soldats qui y ajoutaient foi. Plus tard, je dus reconnaître mon erreur; néanmoins, je les laissai faire sans jamais me permettre de les conseiller en aucune façon. Chacun entendant le patriotisme à sa manière.

Ils étaient si heureux du bonheur qu'ils allaient éprouver au milieu des leurs, que, pour plusieurs, ce n'était pas acheter trop cher cette jouissance, au prix de la sollicitation du sauf-conduit qu'allait leur délivrer une main ennemie!

Pour des riens matériels et sensuels, peut-être m'eussent-ils trouvé sans pitié, mais devant le louable motif qui les guidait, je restai silencieux; et puis, est-ce que je ne les avais pas vus comme des victimes prêtes à mourir pour avoir combattu pour une noble cause: la cause de la France?

Ce qui précède, prouve au plus haut degré, toute l'étendue de la dignité professionnelle des médecins, qui, s'ils diffèrent parfois d'opinions entr'eux, sur certaines maladies, sont unanimes, quand il s'agit de l'application de la plus noble et de la plus honorable des prérogatives, attachée et inhérente à leur caractère médical.

On élèverait un doute sur cette vérité, que ce qui s'est passé isolément, tant à Amiens, qu'à Villers, et ailleurs, en devrait montrer amplement toute l'erreur !

UNE MAUVAISE CONSEILLÈRE.

Aprés la fermeture de toutes les Ambulances de Villers et de Boves, je fus désireux de revoir le théâtre de la lutte des Ardennes, et surtout, Nouzon, siége de l'Ambulance où nous avons tant souffert, parce que nous avons voulu être justes.

Après les émotions inséparables de ce qui s'était passé dix mois auparavant, et de la grandeur de la catastrophe ; émotions qui furent presqu'aussi poignantes que le jour de la réalité ; après ce pèlerinage accompli, le cœur gros, je me dirigeai vers Nouzon.

Nouzon, est une des villes les plus industrielles qu'il y ait, où l'ouvrier gagne beaucoup, mais beaucoup d'argent ; pour son honneur je tairai le chiffre du gain de chaque semaine ; en revanche, c'est le pays où la fréquentation des cabarets est la plus portée à l'excès en France. C'est navrant à dire, mais cela est ; cela fut toujours !

Le travailleur vit à la semaine la semaine, de façon que s'il arrive des jours de chômage, la misère apparaît de suite ; elle y est affreuse, elle suit le gain auquel elle est proportionnée. La plus légère économie n'ayant eu lieu. On n'a pas même eu la pensée de songer à en faire.

Aussi, on se figure bien vite ce que la guerre a dû produire de gêne, de misère de toutes sortes, dans ce malheureux pays si apte à se laisser envahir par ce triste cortége que les habitants n'ont pas voulu, ni su éloigner.

Nouzon, n'a pas eu de garnison prussienne à entretenir cependant ; s'il avait dû en être autrement, je ne sais trop ce qui en serait advenu !

L'Administration, comme partout, a fait de son mieux pour secourir les plus nécessiteux ; excellents ouvriers, cependant, en temps de prospérité ; mendiants en temps de gêne, tant par suite de leur imprévoyance, que par suite de dépenses aux cabarets. Quelle humiliation, et, surtout, quelle leçon ! En profiteront-ils ?

Il fallait pourtant que cette population de 4,000 individus environ, ne mourut pas de faim ni de froid. Voici comment elle s'y prit pour conjurer cette catastrophe : je l'ai dit, « Nouzon, est entouré « de forêts et de montagnes bien boisées. » Eh bien, à la fin de juin, époque où la végétation devait être luxuriante, ai-je vainement cherché dans une étendue immense, un arbre, un seul arbre encore debout ; tout ayant été coupé, pillé, sans trève ni merci, nuit et jour, pendant plusieurs mois, par une population qui voulait vivre ; le tout converti de suite en fagots, pour être employés et vendus à vil prix partout. — Rien d'aussi triste à voir que l'aridité de ces montagnes toujours si belles à contempler ; on eut dit un désert accidenté ça et là par quelques rochers nus, entremêlés de calcaires blancs couverts de mousse sur plusieurs points, sillonné par de petits chemins étroits et tortueux.

La faim, on le sait, est une mauvaise conseillère. Oui, sans doute, la faim développe de méchants instincts, comme elle fait commettre des actes bien répréhensibles, témoin celui que je vous reproche et que vous n'oserez jamais oublier. Mais, il est une autre conseillère plus coupable encore, mes chers compatriotes, qui vous enserre, vous possède comme sa proie, à laquelle vous devez d'avoir commis de telles et d'aussi déshonorantes dépré-dations. Cette conseillère plus exigeante que la faim, est votre passion pour le cabaret ! Cherchez là, et pas ailleurs !

Que vous avez dû souffrir en présence des vôtres, dénués et manquant de tout ! Est-ce que vous pourrez jamais oublier des scènes aussi navrantes ? Je ne le pense pas ! Si vous le pouviez, on serait alors en droit de se demander si vous avez bien réellement un cœur dans la poitrine, et si vous n'êtes pas dégénérés?

Que la leçon que vous avez reçue vous serve d'exemple, mes chers compatriotes, pensez à demain qui sera et qui pourrait être un jour de chômage. La faim elle, n'attend pas, vous l'avez prouvé et éprouvée!

Je vous devais ce qui précède, acceptez-le comme venant de votre meilleur ami! Comme un des vôtres qui a vécu de votre vie et qui, quoiqu'éloigné de vous, dans ces jours de misères, n'a pas moins bien pensé à vous chaque jour! Car il connaissait votre état de gêne, existant déjà, lorsqu'il quitta l'Ambulance de Nouzon, en 1870.

S'il vient de m'être pénible de blâmer, autant je vais être heureux de louer le courage non sollicité.

Que M. Henrot, maître de pension, veuille bien accepter les sincères remerciements de mon fils et les miens, pour toute la complaisance qu'il a apportée en nous aidant dans nos pansements à l'Ambulance de Nouzon!

Que ne dirai-je pas à Mlle Gady, dont le cœur fut si bien à la hauteur de la mission dont elle a été si heureuse de se charger à l'Ambulance de Nouzon, aussi?

CAMPAGNE DE MON FILS AINÉ

AUTEUR DE BIEN CURIEUX TRAITS D'AUDACE.

Lorsque la compagnie des francs-tireurs de Picardie fut formée, mon fils qui s'était sauvé des Ambulances de Versailles, où il s'était employé volontairement comme aide-major, en devint le chirurgien ; il alla un peu partout ; sa marche fut errante et quelque peu vagabonde ; mais toujours courageuse et intrépide, comme on va le voir.

Nous arrivons au 23 novembre 1871, jour où il partit à Ham, chercher son bagage d'ambulance, qui y était resté ; à moitié route, il fut fait prisonnier par les uhlans et emmené dans une charrette. Je l'appris le lendemain par les journaux d'Amiens.

Arrivé à Ham, où ils le conduisirent, il fut assez heureux pour leur échapper.

Il apprit que six blessés français du combat de Houel, se trouvaient internés à l'hôpital de Ham, devaient partir le lendemain ; il résolut de les enlever aux prussiens. Il obtint du maire une voiture pour l'aider dans son projet bien audacieux !

Grâce au bon concours du maire et des bonnes sœurs de l'hôpital, il partit avec les blessés et parvint à l'aide de mille subterfuges, à franchir les postes prussiens qui entouraient la ville, pour se diriger sur Péronne, où il trouva aide et protection.

Le jour même ils sont arrivés tous les sept sains et saufs à Péronne ; le lendemain 24, ils étaient à quatre heures du matin à Amiens.

Les six prisonniers enlevés et rendus à leur famille, ont été nourris par mon fils depuis le départ de Ham.

On ne peut pas plus exposer sa tête !

Voici l'attestation de ces hommes :

« Nous soussignés, volontaires de la Somme et mobiles « du Gard, certifions que blessés et internés à l'hôpital « de Ham, envahi par l'ennemi, nous n'avons pu nous en « échapper que grâce à l'*audace* et à la ruse déployées « par M. Gustave Autier, chirurgien des éclaireurs picards, « qui nous a ramenés sains et saufs à Amiens, en nous « faisant, malgré les sentinelles, traverser les lignes prus- « siennes. »

Amiens, 24 novembre 1870.

Signatures : CRUSTEL, adjudant des volontaires de la Somme, PETIT Eugène, deux illisibles, volontaires ; Guillaume VALACQUIN et Guillaume MEUMBLET, mobiles du Gard.

Après nous avoir embrassés, il partit rejoindre sa compagnie. Nous n'en entendîmes plus parler jusqu'au jour de l'assaut de la citadelle, le 29 décembre. Depuis ce jour voici ce qui s'était passé le concernant.

Dans le combat de Boves, le 27 novembre, mon fils se trouvait sur le plateau que tout le monde connaît, seul chirurgien pour 350 à 400 hommes. Il était appuyé près d'une porte de sortie du jardin de la ferme, lorsqu'une balle vint s'aplatir à dix centimètres de sa tête. Pendant quatre heures il fut au milieu des obus, des balles et du feu le plus meurtrier de cette bataille qui fut bien sanglante.

Au moment où les prussiens étaient sur le plateau, il eut l'audace d'aller au milieu d'eux chercher son sac d'ambulance, avant de battre en retraite; en se retirant il tomba du plateau dans une cour près l'église, d'au moins quarante-cinq mètres de hauteur; les touristes, du reste, connaissent bien cette place; en la regardant, on éprouve une sensation des plus vertigineuses.

S'il ne s'était pas trouvé au pied de cette sorte de montagne à pic, beaucoup de terre poussièreuse dans laquelle il s'est enfoncé, mon fils y trouvait la mort.

On a vu plus haut qu'il arriva avec moi la nuit à Villers-Bretonneux.

Le matin, comme moi, il se mit à la besogne qui fut rude.

Pendant quelques jours il y eut à lutter avec quelques médecins errants, non requis, qui se trouvaient là ; mais il suffit d'une lettre adressée à M. le Maire, par les blessés Lebeau et Fichon, sergents, et par les mobiles Chevallier, Joly, Étienne, etc., pour tout aplanir et remettre à leur place les orgueilleux faisant de leur profession qui est tout à la fois: art et science, plutôt un commerce qu'un sacerdoce !

Voici la lettre du Maire envoyée à mon fils :

« Nous acceptons avec empressement les services de « M. Autier fils, et nous le prions non-seulement de soigner « les blessés de l'Ambulance M. Patrice, mais encore de « donner ses soins à cinquante-et-un autres blessés répartis « dans diverses Ambulances et maisons particulières dont « nous lui remettons la note.

« Nous prions M. Autier fils, d'accepter nos remercie- « ments les plus sincères pour tous les soins particuliers « qu'il prodigue à nos malheureux blessés de la bataille « du 27 novembre dernier. Nous lui adressons ces remer- « ciements non-seulement en notre nom particulier, mais « encore au nom des habitants de cette commune. »

Villers-Bretonneux, le 6 décembre 1870.

Signé : Ed. D'HEILLY, Maire.

Cachet de la Mairie).

Comme mon fils a quitté les Ambulances de Villers, le 26 décembre 1870, pour celles de Boves, voici un nouveau certificat du Maire de Villers :

« Nous soussigné, Maire de la ville de Villers-Bretonneux, « (Somme), certifions que M. Gustave Autier, aide-major « au bataillon des francs-tireurs de Picardie et qui a été « dissout au combat de Boves, le 27 novembre 1870, requis « le 29 novembre dernier, par les Autorités départementales, « pour seconder M. le docteur Autier, son père, dans les « soins à donner aux soldats blessés du combat sanglant « de Villers, qui eût lieu le 27 novembre dernier, a rempli « sa mission avec le plus grand dévouement jusqu'au « 26 décembre 1870, qu'il fut envoyé à Boves, pour soigner « les blessés de la même lutte.

« En disant qu'il suit les traces de dévouement de M. le « docteur Autier, son père, que depuis trois mois nous « voyons nuit et jour à l'œuvre dans notre ville, nous « sommes complétement dispensé de tous autres éloges. »

Villers-Bretonneux, 1er mars 1871.

Signé : Ed. D'HEILLY, Maire.

(Cachet de la Mairie).

Certificat des Ambulances de Boves.

« Je certifie que M. Gustave Autier s'est détaché des
« Ambulances de Villers, pour venir donner ses soins aux
« militaires blessés français et prussiens qui étaient chez
« moi depuis le 27 novembre, et qui m'avaient été laissés
« par M. Bourdailette, médecin chef de la 7e Ambulance.

« Que depuis le 27 décembre qu'il est entré chez moi,
« jusqu'à ce jour, je lui ai vu donner les soins les plus
« assidus à plus de dix blessés logés au château et à
« seize autres logés chez des particuliers dans le village.

« Que déjà le jour du combat de Boves, lors de la retraite
« des troupes et au moment où il était séparé de son ba-
« taillon, il est venu volontairement se mettre à la dispo-
« sition de la 7e Ambulance établie chez moi depuis quelques
« heures et qu'il ne l'a quittée que le 29 pour se rendre à
« Villers, poste pour lequel il a été requis. »

Fait à Boves, le 16 mars 1871.

Signé : M. DE VAUBERT DE GENLIS.

MM. les Conseillers municipaux : Ed. De Franqueville,
E. D'Angest, de Brand ; ont attesté toutes les énonciations
du certificat de Mme de Vaubert et dont les signatures
ont été légalisées à Boves, par M. Demarcy, Adjoint, en
l'absence du Maire.

Pas plus que nous, mon fils ne reçut rien d'aucune Administration, aussi Mme de Vaubert, dût-elle
loger et nourrir et lui et son infirmier, pendant
tout leur séjour à Boves.

A MA FILLE.

On voudra bien me permettre de ne pas terminer,
sans payer à ma fille, un tribut de reconnaissance,
pour le courage et le dévouement dont elle a donné
des preuves, pendant dix mois, à mes côtés ; elle
qui, avant la guerre, ne serait certainement pas
restée près d'un individu pendant l'extraction d'une
dent !

Le devoir et l'humanité l'ont totalement trans-
formée Un exemple entre plusieurs va en donner
la preuve: ainsi, la vue de la vaste cour du château de Villers, où plus de 800 blessés avaient
reçu asile la veille, ressemblait les premiers jours
à une cour d'abattoir dont chaque pavé était maculé
de sang ; où les effets militaires projetés partout,
offraient tout à la fois le même aspect et laissaient
voir les traces de la lutte terrible du 27 novembre ;
cette vue, dis-je, qui lui en rappelait en miniature,
quelques-unes observées dans les environs de Ba-
zeilles, — si on joignait à ce tableau de Villers, les
cris et les plaintes de ceux qu'on opérait, — n'a pas
empêché ma fille de la parcourir en tous sens,

pour aller visiter et soigner les blessés, laver leurs mains et leurs figures couvertes de sang et de boue.

Comme, aussi, elle n'a pas produit le plus léger effet sur sa détermination bien arrêtée, de continuer à les soigner jusqu'à la fin de la guerre !

Qu'on se souvienne de Dury, et de la citadelle, où elle courut tant de dangers, alors on ne s'étonnera plus de rien !

Qu'étaient-ce, mon Dieu, que ces scènes et ces tableaux lilliputiens du Nord, avec ce qui s'est passé dans les luttes du Rhin et des Ardennes.

Là, les morts et les blessés se chiffraient par dizaine de mille dont la plus grande partie était nos ennemis.

Là, encore, un témoin silencieux, muet, la Meuse, reçut dans son sein une quantité innombrable de nos soldats qui furent tués en la traversant, soit à cheval, soit à la nage, dont le sang avait donné à l'eau une « couleur rouge à teindre » comme je l'écrivis alors à un journal.

Deux jours après on pouvait voir au fond de la rivière, pêle-mêle, des montagnes de chevaux et de soldats, plusieurs recouverts de leurs armures.

Qui n'a pas vu cela de près, ainsi que les églises de Mouzon et de Givonne, *regorgeant* de blessés et de mourants, où *tout* manquait, ne sait rien de la guerre et ne peut avoir de haine durable contre les auteurs d'un pareil cataclysme humain !!!

Parmi toutes les scènes d'horreur et de carnage dont nous fûmes témoins, il en est une qui a profondément émotionné ma fille, et dont elle me parle très-souvent ; c'est celle-ci :

C'était le 1er septembre 1870, vers deux heures après midi, alors que déjà quelques blessés étaient entrés dans notre Ambulance, ma fille descendit en ville pour chercher un médicament ; il ne s'était pas écoulé dix minutes depuis sa sortie, qu'on entendit çà et là, dans le pays, quelques coups de fusil, suivis de clameurs et de cris incessants qui ne présagèrent rien de bon !

Quand on annonce l'arrivée des prussiens ; ce fut un sauve qui peut dans le pays ; beaucoup d'habitants, fous de peur, se sauvèrent dans les forêts ou en Belgique, chargés d'effets. Dans leur effarement et leur précipitation à fuir, ils ne songèrent même pas à fermer la porte de leurs domiciles. Les femmes, pour courir plus vite, avaient leurs chaussures dans leurs mains. Leurs cris ne discontinuèrent pas !

Mon fils et moi nous sortîmes pour nous placer à la porte de l'Ambulance, et attendre les événements. Arrivés là, nous aperçûmes sur toutes les routes, sur tous les sentiers et en grande quantité : de l'artillerie, des hussards, des dragons, des cuirassiers, de l'infanterie, des zouaves et turcos, pêle-mêle, marchant ou courant précipitamment. C'était la débandade française qui se continuait depuis Sedan !

La route qui passait à la porte de l'Ambulance, quoique rocailleuse, presqu'impraticable, était aussi encombrée. Un officier de turco qui soutenait son ordonnance ayant une balle dans le cou, s'arrêta pour nous le confier et nous le recommander. Douze jours après, il sortit guéri et fit partie du détachement du capitaine Gignoux, dont il va être parlé.

Arrive en courant, un Commandant d'artillerie pour nous prier « de lever très-haut et le plus « vite possible, notre drapeau d'Ambulance, car « les prussiens qui les poursuivaient, n'étaient plus « qu'à quelques mètres de Nouzon. » Une perche d'une hauteur extraordinaire nous permit de le fixer à son sommet d'où il serait vu de tous côtés. Cela fut exécuté en un clin-d'œil, car nous étions à la proximité des ateliers, de tout !

Alors, rentre ma fille qui se jette dans mes bras, en me disant : « que cette fois nous étions perdus. » J'avoue à ma honte, qu'un éclair de regrets d'avoir ainsi exposé mes enfants, vint m'assaillir ; mais il disparut vite !

Elle me dit : « qu'elle n'avait pu rejoindre l'Am- « bulance que grâce à ses insignes, et encore, en « passant sous le ventre des chevaux ; encouragée « par leurs cavaliers qui lui disaient qu'ils ne « ruaient point. Elle ajouta que le pays était rempli

« de soldats, qu'une lutte allait avoir lieu, et que
« nous étions au milieu. » Je le savais bien. « Que
« les canons et les mitrailleuses étaient en place,
« même à quelques mètres de l'Ambulance, pour
« accomplir leur œuvre de défense et de destruction !

« Elle ajouta en sanglotant qu'elle était folle de
« chagrin et d'horreur, d'avoir été témoin d'assas-
« sinat sur des espions ou prétendus tels, par des
« soldats; qu'après leur mort, le peuple exalté, fou
« de rage, s'était rué sur leurs cadavres pour les
« pousser dans la Meuse. Que de semblables actes
« accomplis sans jugement, doivent bien troubler
« un jour la conscience de ceux qui les commettent,
« répétait-elle ? » Je la calmai de mon mieux et la
rappelai à la réalité, en lui montrant des blessés
à soigner, à changer de linge. Je fus entendu et
compris !

Pendant une heure, — heure qui fut longue a
s'écouler, — nous attendîmes tous les trois sur le
seuil de l'Ambulance, l'arrivée des prussiens. Comme
ils n'étaient pas en nombre, apprit-on, ils cessèrent
de poursuivre nos troupes que le pays n'avait pas
oublié de bien ravitailler ; et alors, la plus grande
partie de nos soldats partit pour Mézières, sans être
inquiétée, et le reste coucha à Nouzon !

Voilà un des tableaux dont nous avons été témoins. Il faut convenir que pour y être insensibles,

il est nécessaire de posséder une certaine dose de courage.

Comme les blessés arrivèrent en grand nombre, tous nous oubliâmes bien vite cette scène !

D'après ce qui précède et d'après ce que l'on sait déjà, on voit que mes trois enfants n'ont hésité ni reculé en rien pour accomplir leur mission d'humanité. Je suis heureux de le dire ici : ils sont dignes l'un de l'autre et de leurs ancêtres les seigneurs Autier de Haulmé, tant regrettés.

L'ombre de leur bisaïeule doit être satisfaite ; son exemple a porté ses fruits. Leur père auquel ils avaient juré d'être dignes d'elle, les en remercie avec effusion !

Est-ce que je pourrai jamais oublier notre compagnon fidèle, notre intelligent mouton ; (chien barbet blanc, frisé, pur), qui pendant dix mois, ne nous a pas quitté un seul instant, et que nous n'avons jamais pu empêcher de courir gratter le sol à l'endroit où il avait vu tomber un projectile. Je dirai plus tard les services qu'il a rendus, surtout les nuits qui suivirent les batailles. Les prussiens de l'Armée du Rhin et du Nord, le connaissaient bien, aussi, n'ont-ils jamais cherché à nous le prendre.

Je devais ce souvenir à notre ami de tous les instants.

NOTRE RENTRÉE A AMIENS.

Enfin , je rentre en juin , après dix mois d'absence , de misères de toutes sortes ; après surtout, avoir beaucoup dépensé , sans rien gagner, sans un sou en perspective. Ma première visite fut pour mes pauvres malades du Bureau de Bienfaisance, qui tous, me reçurent avec la joie la plus vive. J'en fus profondément touché.

Le service en fut fait exactement pendant mon absence avec l'aide des bonnes sœurs, par un jeune confrère, M. Leroy, que je remercie ici du plus profond du cœur. N'ayant pas osé blesser son amour-propre, je ne lui offris pas le traitement des services faits, — bureau et décès, — car il l'eut refusé. Ce n'est pas lui, qui l'eut exigé comme un autre confrère l'a fait pour le mois de septembre 1870.

Cet argent non gagné par moi, me brûlerait les doigts : aussi, vais-je les joindre à l'année de mon traitement, pour les décès de 1872, que j'ai abandonné il y a quelques jours, — 30 janvier, — pour concourir à la libération du territoire français.

Je trouvai chez moi, billet sur billet, m'ordonnant de payer, sans retard, mes contributions arriérées (du mois d'août 1870, à juin 1871).

Je me plaignis à la mairie ; sur l'avis empressé du Maire, on me fit remise de 18 fr. Rien ne fit au percepteur, il continua ses poursuites, fit frais sur frais, jusqu'au jour, fin juillet, où j'eus la honte et la douleur, après tout ce que nous avions fait et dépensé, d'avoir à subir la présence chez moi, des huissier et recors, venus pour saisir !

La même main, — celle de M. le Maire d'Amiens, — qui s'était empressée de me faire remise de 18 fr. de contributions, sur les 54 fr. que je devais, à cause de dix mois d'absence, fut encore celle — de M. le Maire, faisant fonctions de Préfet de la Somme, alors, — qui autorisa la saisie chez moi ; cela sans doute, sans avoir lu, car il connaissait les démarches que je faisais pour qu'on arrivât pas à une aussi humiliante extrémité.

Quoiqu'il en soit, ce fut toujours triste, et surtout honteux, — non pour moi, — mais pour l'Administration, faisant acte d'une pareille ingratitude envers une famille dont tous les membres étaient restés sur les champs de bataille, à leurs frais, pendant dix mois, à soigner les blessés et pendant six mois requis par elle. Aussi, ne serait-elle pas crue si elle prétextait cause d'ignorance !

J'avais la conviction que mon domicile serait souillé par nos ennemis ; mais comme j'étais sur les champs de bataille, je ne logeai point ; ce fut, au contraire, les agents du fisc français, M. X..., et ses recors, qui, en venant pour saisir chez moi, quelques jours après notre rentrée des Ambulances, alors que nous étions dépourvu de tout, qui le salirent !

On s'expliquera aisément un pareil acte quand on saura que le percepteur poursuivant, acharné, a nom Thuillier, frère de ce caméléon, de ce républicain exalté de 1848, qui, grâce à cet état particulier de la peau, comme de la conscience, devint Préfet et puis Conseiller de l'Empire qui donna à sa famille toutes sortes d'emplois, sans s'occuper de l'apostasie de son humble serviteur.

Est-ce que ces gens connaissent et apprécient le dévouement vrai ? S'ils le connaissent, alors ils en sont jaloux.

Pour humilier l'huissier et ses recors je leur offris ma riche boîte à amputation, cadeau princier de l'Angleterre, pour mon dévouement pendant la guerre. Je reconnais qu'ils rougirent de leurs fonctions ; bref, j'empruntai pour tout payer, 85 fr., et on ne saisit pas ! Une mauvaise action ne fut pas commise, grâce à des voisins indignés comme moi.

Quelle honte ! Tel sera toujours le cri de tous !

O pauvre France, que d'imprudences et d'injustices on commet en ton nom !

Voilà chers parents, amis et clients, la seule récompense que j'ai reçue pour ce que vous avez lu ; peut-être aussi, ne méritai-je pas plus ?

Comme je l'ai promis, aucun fait n'a été avancé sans avoir sa preuve en regard ; donc, pas d'objections à redouter.

Qu'on veuille bien me pardonner ces plaintes, car elles ont leur ample justification dans tout ce qu'on fait endurer, après déjà avoir tant souffert !

Veut-on savoir ce que j'ai gagné d'écrire à M. le Ministre des Finances : « que le percepteur Thuillier, « avait fait saisir chez moi, à notre rentrée des « Ambulances? » Voici : la colère qui n'a plus de bornes, de M. le percepteur Thuillier, qui, le six du mois, m'adresse après la décision du même jour, de M. le receveur de l'arrondissement, un bulletin jaune de *garnison collective,* avec frais, — comme correction, sans doute, d'avoir osé me plaindre, — pour 9 fr. 25 c., échus le 1er du mois, c'est-à-dire depuis cinq jours !

Une vengeance aussi plate, aussi basse, ne s'est jamais vue dans aucun pays ; mais venant du percepteur Thuillier, elle n'étonne personne.

Il faut que M. le receveur de l'arrondissement mette une grande complaisance et une grande célérité, au service de son subordonné, pour qu'il aille si vite en besogne. C'est presqu'une énigme pour tous.

Avec ces gens, il faudrait tout souffrir et surtout, se taire. Halte-là, Messieurs les anciens fonction-naires de l'Empire, qui êtes restés fonctionnaires de la République Française.

L'agent des poursuites, M. Pissy, qui est un hon-nête cœur, est tellement honteux de cette besogne de haine, qu'il n'ose plus sonner pour remetttre son bulletin; il le glisse dans la boîte et se sauve! Oui, se sauve, entendez-vous? Je l'ai vu la der-nière fois, il était onze heures du matin: 6 janvier.

Est-ce assez édifiant de voir ces personnes se servir de leurs positions et de leurs fonctions, pour taquiner; et, ensuite, pour nuire, — si elles le pou-vaient, — à ceux qui valent mieux qu'elles!!!

Est-ce qu'on n'est pas vengé et indemnisé avec prodigalité, de toutes les bassesses dont il vient d'être parlé, quand on a l'honneur et la satisfaction de recevoir des cartes de visite annotées, comme celle-ci, par exemple :

« Le Commandant GIGNOUX, »

« Major au 20ᵉ de Ligne »

« n'oubliera jamais les soins, les attentions et toutes les
« prévenances dont il a été l'objet de la part de MM. Autier,

« père et fils, pendant son séjour à l'Ambulance de Nouzon,
« (Ardennes).

« Que Dieu daigne combler de ses bienfaits l'ange de
« charité, qui, sous les traits de Mad^{elle} Autier, n'a cessé
« de prodiguer aux nombreux blessés, des soins infinis
« et des paroles d'espérance et de consolation. »

« Digne, le 27 janvier 1872. »

« Signé : GIGNOUX. »

Je dois ajouter que M. Gignoux, est parent de
l'honorable Mgr Gignoux, Évêque actuel de Beauvais.

Ce souvenir me fait d'autant plus de plaisir, que
depuis sa sortie de notre Ambulance, — seize
mois, — je n'en avais plus entendu parler. Je le
croyais mort pour la défense de la Patrie. Car il
s'était dirigé vers la Loire, — je crois, — avec un
petit détachement de trente de nos blessés guéris,
ou à peu près, à travers les montagnes et les lignes
ennemies qu'il a dû rencontrer à chaque pas; tant
elles étaient nombreuses. Dieu a protégé et con-
servé à la France et à sa famille, ce cœur intrépide et généreux ! Qu'il en soit béni !

COUPS DE FOUET.

La France a été vaincue, bien vaincue, abreuvée de honte au plus haut degré, par le fait de la plupart de ses enfants ; aussi a-t-elle le droit de leur demander un compte sévère de leur conduite et d'une telle humiliation !

Comme aussi, il lui incombe le devoir de marquer au front d'un stygmate indélébile les plus coupables, et surtout, ceux que son abaissement n'a pu toucher ni attendrir ; tels que ces viveurs, amis du plaisir et de l'orgie, et leurs dignes compagnes : ces fricoteuses de tous rangs, à toilettes scandaleuses, qui n'en veulent à nos ennemis que pour avoir interrompu, pendant quelque temps, la série de leurs crapuleux festins.

Ce sont de ces créatures qu'on peut dire : qu'elles ne sont que *tube digestif et sensualité dépravée.*

A cette classe de libertins et de libertines qui sont le déshonneur d'une nation, on peut y joindre, comme digne pendant , cette secte désignée sous

le nom de *crevés*, qui ne sont d'aucun sexe; herma-
phrodites par la voix, les gestes, les actes et la mise !

De ces cœurs gangrenés, pourris, par un règne
qui n'eut jamais son pareil par la corruption et les
exemples partis de haut, que peut-on espérer? Que
peut-on attendre? Si ce n'est la honte !

Mais comme tous les trahis et les traduits, qu'ils
soient maudits avec leurs bien dignes congénères!

Maudits soient-ils tous, pour l'ardeur qu'ils ap-
portent à rattraper le temps perdu de leur carnaval
de table, de bal et de plaisirs de toutes sortes,
alors, que leurs concitoyens sont encore entourés
et surveillés par l'ennemi de leur patrie !

Libertins de tous sexes, androgynes de tous âges,
qui ne comprenez pas, le cœur chez vous faisant
défaut, soyez honnis ! ! !

Divers pays qui ne furent pourtant pas envahis,
ont eu la sagesse de ne pas profiter des plaisirs du
carnaval, afin de ne pas faire injure à ceux qui l'a-
vaient été ou qui le sont encore.

Honneur à eux et aux administrateurs qui ont compris leur devoir par l'accomplissement de tels actes,
d'une telle solidarité.

Mais il n'en fut pas de même partout, voire chez
ceux qui ont eu à souffrir. Là, le plaisir eut gain
de cause, il fut autorisé. La France avec sa maigre
escarcelle tendue, fut reléguée au second plan et

priée de repasser plus tard, après la joie, apres la folie !

« Mauvais cœurs » peut-on encore dire ; on les croirait vraiment entretenus à dessein dans d'aussi tristes sentiments !

Mettons au pilori cette classe de la société française, « où on trouve des jeunes gens vivant dans « la débauche pour ne pas épouser des femmes « dont ils ne pourraient entretenir le luxe. »

Quelques-uns se marient, il est vrai, mais c'est « avec la ferme résolution de n'avoir qu'un seul « enfant, pour qu'il soit riche, — la considération « n'appartenant plus aujourd'hui qu'à l'argent : — « pour atteindre ce but il suffit de les mettre en « nourrice. »

A ce sujet, on trouve dans la Gazette des Hôpitaux du 16 janvier 1872, cette phrase écrite en traits de feu, lancée à l'adresse de cette classe :

« *Ces mœurs nous reportent aux plus mauvais jours* « *de Rome sous les Empereurs !* »

N'est-ce pas ici qu'il est permis de dire : « pauvre « France, pour toi l'heure de la décadence a sonné « depuis longtemps déjà, attendu que tes enfants « n'ont pu secouer leur torpeur, ni sortir de leur « état de dégénérescence ! »

En haut comme en bas, on ne trouve que des vices qui étouffent sa race dégénérée ; mais c'est surtout en haut qu'existe la plus forte somme de culpabilité et de responsabilité ! ! !

Disons avec l'auteur de l'article cité plus haut : « qu'en présence de l'immense danger qui nous me-« nace, les médecins ont le devoir de ne pas ab-« diquer leur légitime influence et intervenir pour « donner un conseil utile ; car le médecin plus que « personne a le droit de dire :

« *Homo sum, et nil humant à me allenum puto.* »

HUMILIATION.

Après l'avalanche de décorations accordées dans le mois d'octobre dernier, aux médecins d'Ambulances ; je fus profondément humilié, non de ne pas avoir été du nombre des heureux, mais seulement, que d'autres aient fait plus que nous, plus que moi, pendant la guerre.

En effet, il faut que leurs titres aient été jugés supérieurs aux miens, par M. le Ministre de la Guerre, auxquels je les ai adressés, sans apostille de personne, ayant toujours été chef d'Ambulances, sans contrôle que ma conscience ; ou bien, — ce qui peut être fort probable, — ne les a-t-il pas reçus ; dans ce cas, alors, je ne serais pas jugé sans appel. Je lui demandai uniquement pour être largement indemnisé, une place de médecin près d'une station thermale ou autres, mais *rien* comme récompense *honorifique !* Car je ne pouvais être juge dans ma propre cause pour décider si j'étais digne d'un tel honneur ! De cet honneur que j'entends !

Je me décidai donc à en adresser un extrait à M. le Président de la République, le 20 octobre dernier. J'attends encore sa décision !

Voici partie de ma lettre :

« Monsieur le Président,

« Puisque je n'ai pas eu l'insigne honneur d'une récom-
« pense, il faut que les titres que j'ai pris la liberté d'a-
« dresser à M. le Ministre de la Guerre, il y a trois mois ;
« titres constatant ce que j'avais fait et souffert pendant
« dix mois, en compagnie de ma famille, sur les champs
« de bataille et dans les ambulances, à mes frais, n'aient
« pas été soumis à sa justice.

« C'est donc pourquoi j'ose prendre la liberté de m'a-
« dresser à vous.

« Je ne doute pas M. le Président, que votre attention
« ne soit vivement excitée, surtout, quand vous verrez que
« la Société Nationale Anglaise, pour secours aux blessés,
« et celle Belge, m'ont honorablement récompensé, ainsi
« que le Ministre de la Guerre et de la Marine de l'Empire
« d'Allemagne, pour mon dévouement sur les champs de
« bataille et dans les Ambulances. »

Je faisais ensuite connaître à M. le Président de la République, ce que j'avais fait depuis le mois de juillet 1870, jusqu'au 1er juin 1871.

Je trouve inutile de rappeler ici ce qu'on sait déjà par tous les titres qu'on a lus.

Tous ceux envoyés à M. le Ministre de la Guerre,

étaient bien plus nombreux, car ils contenaient copiés de mes réquisitions et certificats de 1870-1871, et en outre, celle de mes titres avant la guerre ! Ces derniers se trouvent ci-contre :

Comme acte de grande humilitiation pour moi, je tiens à faire connaître à tous, pourquoi je pris la liberté d'adresser cette lettre à M. le Président de la République.

A ma rentrée des Ambulances, des braves gens qui me voyaient si affaibli, par suite de dix mois de fatigues, de privations, d'insomnies et de chagrins de toutes sortes, me persuadèrent qu'il me serait facile d'obtenir, comme médecin, un emploi quelque part où je pourrais me rétablir. J'eus la bonhomie, que je qualifie aujourd'hui de bêtise, de les croire et de partager leur crédulité surannée, pour ne pas dire anté-diluvienne.

Donc, pour la première fois de ma vie, je descendis jusqu'au rôle honteux et dégradant de solliciteur. J'adressai un détail précis et authentique, de ce que j'avais fait, à M. le Ministre de l'Intérieur, M. Ernest Picard; je ne reçus jamais de réponse !

On me dit, que pour cela, M. le Ministre de la Guerre, était seul compétent. Aors, à l'aide des mêmes titres, je sollicitai de nouveau ; là encore, pas de réponse. Je sollicitai une seconde fois, même mutisme.

On m'engagea à ne pas oublier ce proverbe connu de tous : « qu'il vaut mieux s'adresser à Dieu, qu'à « ses Saints. » J'écrivis donc à M. le Président de la République, qui, lui au moins, pourrait donner des ordres pour que ma demande soit, si ce n'est accordée, au moins examinée ! De ce côté là encore, un silence persistant. Il est vrai que ma requête n'était encore appuyée par personne ; il paraît que c'est nécessaire. Alors, je ne serai jamais rien, car je ne solliciterai plus !

De ce silence humiliant au plus haut point pour moi, je suis loin de rendre responsables les éminents et très-honorables citoyens auxquels je me suis adressé.

Malgré cela, je n'ai pas de chances !

Il faut donc que je me sois bien exagéré le peu que j'ai fait ou que nous avons cru faire ?

« Non, me dit-on de toutes parts, vous ne vous « êtes rien exagéré, seulement, vous ne devez pas « oublier que rien n'est difficile à obtenir comme « une chose justement· méritée ; c'est fort triste, « mais cela est, cela sera aussi bien sous la Répu-« blique, que sous n'importe quel Gouvernement ! » C'est dire qu'on trouvera partout des hommes qui se font une joie, comme certain Souverain, de pouvoir transporter leurs oreilles à leurs talons. Sera écouté celui qui n'oubliera pas cela ; sera évincé sans pitié, au contraire, celui qui conservera toute sa dignité et qui n'est pas doué d'une âme de valet !

Je suis donc resté dans la deuxième catégorie de solliciteurs; si je n'ai pas réussi, au moins l'honneur est sauf; n'est-ce pas le cas de dire : tout est perdu, fors l'honneur ! ! !

Du reste, n'est-il pas de notoriété que la nullité est pressante, car elle connait sa faiblesse. elle intrigue et réussit; tandis que le mérite qui sait sa sa force est patient. Il attend, mais aussi, il n'arrive pas. Aux yeux des honnêtes gens intriguer et réussir par protection, c'est être aux antipodes de mériter !

Maintenant un vœu et j'ai fini : *Que Dieu me donne la joie et le bonheur d'assister à la revanche !*

Dʳ Vᵉʳ AUTIER,

Médecin du Bureau de Bienfaisance d'Amiens ; Chevalier de l'Ordre humanitaire de St-Jean de Jérusalem, « pour actes « humanitaires nombreux, pendant la guerre. »

Honoré d'une riche caisse à amputation et d'une belle trousse, par la Société Nationale Anglaise, « pour secours aux « blessés, et pour dévouement sur les champs de ba-« taille, etc., ainsi que de nombreux instruments de la « Société Prussienne, pour secours aux blessés. »

Honoré d'une médaille, celle de Belgique, « pour les mêmes « motifs. »

Reçu des « félicitations et des remerciements cordiaux, etc., « etc.; » du Ministre de la Guerre et de la Marine, de l'Em-

pire d'Allemagne, « pour avoir secouru et pansé avec le
« plus grand dévouement, les soldats prussiens. »

Vingt médailles pour dévouement et découvertes.

Membre correspondant des Sociétes médicales de l'Eure et
de la Moselle, etc., etc., etc.

Mes deux fils ont reçu chacun une belle trousse de la Société
Anglaise, et chacun une médaille aussi, ainsi que leur sœur,
de la Société Belge, pour huit mois de dévouement.

Mon aide, M. Stephens NORMAND, reçut aussi des instruments de la Société Anglaise et une médaille de la Société
Belge, pour son intelligent dévouement.

De même aussi, la dame Suzanne FOUCART, de la belle Ambulance de MM. DESACHY et COLMAIRE, de Villers, — cœurs
dévoués, — en reçut une aussi, pour soins exceptionnels.

Des nombreux appareils de toute nature que me donnèrent
les diverses Sociétés de secours aux blessés, ceux qui n'ont
pas été utilisés sont conservés pour l'être lors de la revanche,
soit par mes fils, soit par moi !

AVANT LA GUERRE DE 1870-1871.

Quelque pénible que soit pour moi l'exhibition des titres honorifiques et autres, dont j'étais en possession avant la guerre, je me trouve pourtant dans l'obligation de les transcrire ici. Il m'en coûte beaucoup qu'on veuille bien le croire.

En octobre 1830, à peine âgé de dix-neuf ans, j'obtenais à Amiens, le prix unique de botanique.

En 1832, à l'époque de la première apparition du choléra, je fus envoyé de Paris, à Amiens, pour soigner les cholériques; je fus détaché à Renancourt, (banlieue d'Amiens, quatre-vingt-cinq ménages); j'eus à soigner plus de trois cents individus atteints de l'épidémie, sur lesquels il en mourut soixante-huit dont j'ensevelis la plupart, tant la panique était grande. Après trois mois de fatigues de nuit et jour ; j'allai à Abbeville, où le fléau sévissait aussi; quelques jours après mon arrivée, je fus atteint chez le pharmacien de la rue St-Gilles, où je faisais préparer une potion pour un cholérique, d'un choléra foudroyant qui fut constaté à la mairie d'Abbeville, sous le N° 416. Les députés de la Somme ayant connu mon dévouement, ont sollicité pour me récompenser, LA CROIX DE LA LÉGION-D'HONNEUR. Mon jeune âge a fait ajourner cet honneur tant recherché ; le département de la Somme m'a décerné une médaille d'or. J'en obtins plusieurs autres dont les titres sont entre les mains de M. le Ministre du Commerce.

En 1837 (âgé de 26 ans), j'ai publié un traité en deux forts volumes, sur les maladies du cerveau, et deux ans plus tard, deux autres volumes sur les maladies d'estomac, etc., etc.

En 1843, je reçus de M. le Ministre de l'Intérieur et de M. le Maréchal Soult, Ministre de la Guerre, des lettres on ne peut plus flatteuses pour me remercier du service que mes inventions rendaient aux hôpitaux civils et de la guerre.

Nous citerons le dernier paragraphe de celle du Ministre de l'Intérieur. La lettre est du 23 juin 1843, N° 31579.

Première.

« Je vous dois des remerciements, Monsieur, de la nou-
« velle communation que vous avez bien voulu me faire et
« qui témoigne de l'ardeur et de la constance de votre zèle
« pour toutes les améliorations profitables à l'humanité ;
« consacrer ses soins à des inventions aussi utiles, c'est
« acquérir des titres légitimes à l'intérêt de l'Administration
« et de la reconnaissance publique. »

Celle de M. le Maréchal Soult est au moins aussi flatteuse.

Voici maintenant une autre lettre de M. le Ministre de l'Intérieur, du 13 juillet 1844, 3ᵉ section, 1ᵉʳ bureau, Nº 38876.

Deuxième.

« Je viens d'écrire à M. le Ministre de l'Agriculture et du « Commerce, pour appuyer la demande de la décoration de « la Légion-d'Honneur que M. le Préfet de la Somme a « formée en votre faveur, et qui a été recommandée par « M. le Maréchal, Ministre de la Guerre.

« Je me félicite, Monsieur, d'avoir à vous donner ce nou- « veau témoignage de l'intérêt que m'inspire votre zèle « à rechercher les améliorations profitables à l'humanité « souffrante. »

Voici maintenant celle de M. le Maréchal Soult, 9ᵉ division. Bureau des Hôpitaux ; elle est du 22 juillet 1845.

Troisième.

« Je m'estimerai heureux, Monsieur, si ma recomman- « dation peut vous faire obtenir une distinction que les « services que vous rendez à l'humanité justifieraient plei- « nement. »

Il n'a jamais été donné suite à de si flatteuses propositions.

Mes inventions industrielles sont nombreuses et connues; elles sont adoptées partout sans rétributions.

A la dernière exposition industrielle du département de la Somme (1847), j'obtins la plus haute distinction, — Médaille d'or de 1re classe, — pour ma Charpie-Vierge, adoptée par le Conseil de Santé des Armées pour les Hôpitaux Militaires.

(Voir le Dictionnaire National de Bescherelle, deux volumes, article : Charpie-Vierge).

En 1862, je fus désigné par M. le Conseiller d'État, Préfet de la Somme, pour aller visiter l'exposition de Londres, dans l'intérêt du département. Le rapport que j'ai fait sur cette visite a eu les honneurs de l'impression.

En 1849 et en 1852, lors des épidémies de choléra qui frappèrent notre ville, je fis comme en 1832 ; j'ai consacré tous mes soins aux cholériques ; on trouve à la mairie ou à la préfecture, les certificats de ce qu'on a appelé mon dévouement.

Depuis le 1er mars 1866, jusqu'au 1er septembre, même année, j'ai donné mes soins, nuit et jour, à plus de trois mille individus atteints de l'épidémie cholérique.

Il y eut environ dix mille malades atteints par le fléau, et cinquante-deux médecins pour les soigner.

C'est grâce à M. Cornuau, Préfet de la Somme, qui mit nuit et jour à ma disposition, une voiture, que, seul, j'ai pu visiter tant de malades.

Aussi, le Moniteur universel du 20 mars 1867, contient-il cette mention curieuse :

« Docteur AUTIER, — MÉDAILLE D'OR, — a soigné « en 1866, près de trois mille malades cholériques. « Déjà signalé dans les épidémies de 1832, 1849, « 1852. »

Le samedi 23 mars, le Journal *la Petite Presse*, dans un article bien fait, parti du cœur; à propos des sept cents noms médaillés, dont plus de quatre cents médecins, on n'y trouve que trois médecins cités, dont deux à Amiens.

Voici l'article qui me concerne, qui m'énorgueillit au plus haut point, car il m'indemnise de bien des injustices.

« A Amiens, le docteur Autier, soigne trois mille « cholériques. — Sur pied nuit et jour son zèle « fut infatigable et sans bornes !!! »

Son fils aîné pour l'avoir accompagné a reçu une médaille de bronze, et figure au *Moniteur* avec cette mention :

« AUTIER fils, — *médaille de bronze* — pour avoir « accompagné son père dans la visite et le traite- « ment de ses nombreux malades. »

Si en lisant ma brochure on a bien voulu user d'indulgence, sa consommation a dû être très-ample; car, à chaque page on aura rencontré un manque d'apprêt, de soins de composition et de correction, et un style peu élégant, peu coquet.

Souvent le lecteur a dû trouver absent ce que, pourtant, j'avais cru présent, par la lecture des épreuves. Ces illusions d'auteur sont bien connues ; aussi, les pardonne-t-on volontiers !

CONCLUSION.

Il y aura de cela bientôt vingt-quatre ans; c'était en 1848. Je fus informé que pour obtenir une chose légale, — la fourniture de la charpie pour les hôpitaux de la guerre, — il fallait payer à une bande d'escrocs entremetteurs, une certaine somme d'argent!

Je fus révolté d'un pareil tripotage, je me plaignis. Ils furent tous condamnés à la prison.

Quelqu'un qui apprit ce que j'avais fait, me dit ces mots que je n'oublierai jamais! « Oui, ils sont « condamnés, mais vous vous êtes suicidé, car vous « n'arriverez jamais à rien. Tous vos faits et actes « louables seront toujours dénigrés, étouffés ou « réduits à zéro !!! »

Quoique reconnaissant la justesse de ses paroles, la réponse que je lui fis alors, je la ferais encore aujourd'hui, la voici : « fermer les yeux sur de pareilles « infamies, mais ce serait pactiser avec ceux qui les « commettent; aussi, serai-je bien plus heureux de « vivre dans ma modeste sphère où ma famille me « verra toujours avec orgueil; là, au moins, je n'aurai « pas à rougir, ni à endurer, à chaque instant, les « reproches de ma conscience révoltée !!! »

Comprend-on, maintenant ???

TABLE.

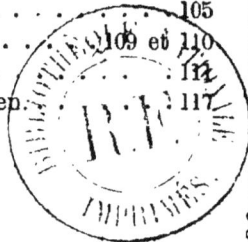

www.ingramcontent.com/pod-product-compliance
Lightning Source LLC
Chambersburg PA
CBHW071228290326
41931CB00037B/2438